LLANGRANNOG A FI

D1389999

Cardiff Libraries
www.cardiff.gov.uk/libraries

Llyfrgelloedd Caerdydd

CN

ACC. No: 02724797

LLANGRANNOG A FI

Steff Jenkins

GYDAG
Elin Williams

Gomer

Cyhoeddwyd yn 2016 gan
Wasg Gomer, Llandysul, Ceredigion SA44 4JL
www.gomer.co.uk

ISBN 978 1 78562 128 4

Hawlfraint y testun ⓗ Steffan Jenkins 2016 ©

Lluniau personol: ⓗ Steffan Jenkins

Lluniau Gwersyll yr Urdd Llangrannog:
ⓗ Urdd Gobaith Cymru, gyda diolch (oni nodir fel arall)

Mae Steffan Jenkins wedi datgan ei hawl dan
Ddeddf Hawlfreintiau, Dyluniadau a Phatentau 1988
i gael ei gydnabod fel awdur y llyfr hwn.

Cedwir pob hawl. Ni chaniateir atgynhyrchu unrhyw
ran o'r cyhoeddiad hwn, na'i gadw mewn cyfundrefn
adferadwy, na'i drosglwyddo mewn unrhyw ddull na
thrwy unrhyw gyfrwng, electronig, electrostatig, tâp
magnetig, mecanyddol, ffotogopïo, recordio, nac fel
arall, heb ganiatâd ymlaen llaw gan y cyhoeddwyr.

Dymuna'r cyhoeddwyr gydnabod cymorth
Cyngor Llyfrau Cymru.

Argraffwyd a rhwymwyd yng Nghymru gan
Wasg Gomer, Llandysul, Ceredigion.

I 'NHAD

'Sa i byth yn mynd 'nôl i'r blydi twll 'na 'to!'

WI DDIM YN COFIO dweud y geiriau hynny o gwbl, ond yn ddiweddar roedd Mam a fi'n hel atgofion, a mynnodd hi mai dyna a ddywedais ar ôl dod adre o wythnos yn Llangrannog yn haf 1965, er nad o'n i'n un am regi fel arfer. 'Sa i byth yn mynd 'nôl i'r blydi twll 'na 'to!' Dyna eironig. Ro'n i mor, mor anghywir. Es i 'nôl gan dreulio rhan helaethaf fy mywyd yn ymwneud â'r Urdd, ac yn bennaf â Gwersyll yr Urdd, Llangrannog. A mwynhau!

Hwyrach nad wyf i'n cofio dweud yr union eiriau, ond dwi'n cofio'r emosiwn a'r hiraeth poenus a deimlwn ar y pryd yn iawn. Ro'n i, Hugh Davies a Gareth Howells wedi mynd i Langrannog ar wyliau – tri chrwt un ar ddeg oed o Ysgol Gynradd Gymraeg Blaendulais, neu 'Sefn' fel roedden ni'n galw pentref Seven Sisters. Roedd ein mamau wedi mynd â ni draw i Gaerfyrddin ar y trên o Gastell-nedd i ddal bws y gwersyll i Langrannog ... a bant â ni.

Y noson honno, rhoddwyd pawb yn eu llety am yr wythnos – y merched yn y cabanau a'r bechgyn yn y pebyll ar waelod y cae. Dwi'n dweud 'pawb', ond mewn gwirionedd roedd tri chrwt bach yn sefyll yno ar ddiwedd y dydd heb eu lleoli pan ddarllenwyd y rhestr pwy-sy'n-mynd-i-ble. Rywsut, doedd dim lle wedi cael ei nodi i Hugh, Gareth a fi mewn pabell, a doedd neb wedi sylweddoli hynny tan ddiwedd y dydd ac adeg noswylio. Dyma'r swogs wedyn yn mynd â ni lawr i waelod y cae, mynd at un o'r pebyll a gofyn, 'Sawl un sydd yn y babell 'ma? Oes lle sbâr?'

Daethon nhw o hyd i le i'r tri ohonom – ond mewn tair pabell wahanol gyda phlant dieithr! Ac yn ystod yr wythnos roedden ni'n tri mewn llysoedd gwahanol. Yn y gwersyll yn y cyfnod hwnnw roedd trefniadaeth llys yn beth mawr – roeddech chi'n gwneud eich gweithgareddau fesul llys, sef Dyfed, Gwynedd, Gwent a Phowys. Roeddech chi'n ennill pwyntiau i'ch llys trwy gyflawni gwahanol bethau – y canu gorau, y pebyll taclusaf, y cyntaf i wneud y peth a'r peth, yr eisteddfod ddwl … Gydag aelodau eich llys roeddech chi'n ymwneud drwy'r dydd. Rhoddwyd bois Sefn mewn pebyll ar wahân, ac yn anffodus ar wahân y buon ni am weddill yr wythnos. Ni wnaed dim ymdrech i'n huno eto. Roedd yr hiraeth yn ofnadwy, a do'n i ddim eisiau bod yno. Ro'n i'n unig ac yn ysu am gael mynd adre, ond yn bendant, fydde hynny ddim yn digwydd bellach.

Dros y blynyddoedd, mae'r ffordd mae staff a swogs Llangrannog yn delio â phlant hiraethus wedi newid yn sylweddol. Bellach, os yw plentyn yn hiraethus ofnadwy ac yn amlwg yn ddigalon, cysylltir â'r cartref. Os oes staff ysgol neu oedolion eraill yno sy'n adnabod y plentyn yn dda, ymgynghorir â nhw hefyd. Yn lled aml mewn sefyllfa fel hon – sy'n eithriadol mewn gwirionedd – bydd y plentyn yn mynd adre, ond nid bob tro, wrth gwrs.

Dwi'n cofio pan o'n i'n gweithio yn y gwersyll ffonio un

tad a dweud wrtho bod ei ferch yn llefain a'i bod wedi mynd i dipyn o stad gan fynnu nad oedd am aros. Ymateb y tad oedd dweud yn Saesneg ei bod hi wastad wedi cael ei ffordd – 'D'you know what? We always jump at her beck and call. But this time we've decided that she must stay.' Gofynnodd e i fi roi gwybod i'w ferch bod ei rhieni'n ei charu, ond bod yn rhaid iddi aros lle roedd hi. A dyna wnes i. Ei hymateb hi oedd stopio llefain, codi ei hysgwyddau a dweud, 'O wel, rwy'n aros 'te – fe dries i'n lwc!' Roedd y newid yn ddramatig a dweud y lleiaf, a threuliodd yr wythnos yn hapus a bodlon ei byd.

Ond bu cyfnod hir yn Llangrannog pan oedd y staff a'r swyddogion yn ymdrechu'n galed i gadw plant hiraethus yn y gwersyll doed a ddelo. Bydde oriau'n cael eu treulio gyda'r plant, yn eu cysuro a'u hannog i ymuno mewn gweithgareddau a mwynhau. Dwi'n cofio pobl fel John Lane, er enghraifft, oedd yn gweithio i'r Urdd yn yr hen Sir Forgannwg ac yn dod i'r gwersyll haf yn rheolaidd, yn treulio llawer o'i amser fel aelod o staff yn gwneud hyn. Bydde pethe'n 'well yn y bore' – dyna a ddywedid wrthynt.

Roedd yr hiraeth wastad yn waeth yn y nos. Bydde'r plant yn mynd i noswylio ar ôl yr epilog, lle byddent yn canu caneuon megis 'Nefol Dad, mae eto'n nosi' ac 'Ar hyd y nos', a bydde'r tawelwch yn rhoi amser iddynt fyfyrio ar eu teuluoedd gartre unwaith eto. Hwn oedd y tro cyntaf i nifer ohonyn nhw fod oddi cartref ar eu pen eu hunain, ac roedd hi'n anodd arnyn nhw. Yn sicr, bu'r profiad yn un anodd i fi pan o'n i'n grwtyn un ar ddeg oed.

Ond hwyrach ein bod ni fel staff a swyddogion yn gweld llwyddo i gadw plentyn hiraethus yn y gwersyll am wythnos fel mesur o lwyddiant – yn bluen yn ein cap. A'r gwir amdani yw *bod* plant yn setlo'n well wrth i'r wythnos fynd yn ei blaen. Ond pwy a ŵyr sut effaith a gaiff hyn ar ambell blentyn sensitif? Oedd, roedd degau ar ddegau o blant yn llefain y glaw wrth *adael* y gwersyll a ffarwelio â'u ffrindiau newydd, ond bydde ambell un yn teimlo rhyddhad hefyd o wybod eu bod yn troi am adre.

Ar ôl geni fy mhlant des i'n gynyddol ymwybodol o hyn, a gwelwyd rhyw shifft yn y ffordd roedden ni yn y gwersyll yn delio â hiraeth. Ond ro'n i wedi bod yn gydymdeimladol erioed. Ro'n i'n gallu uniaethu â'r plant hiraethus gan fy mod i wedi bod yn un ohonynt 'nôl yn 1965. A rhyw greadur teimladwy, emosiynol ydw i wedi bod erioed.

Dros y Mynydd Du ...

MAE TEULU A GWREIDDIAU wastad wedi bod yn bwysig iawn i fi, ond rywsut, wrth i fi fynd yn hŷn, maent wedi dod yn bwysicach fyth. Bu farw fy nhad yn 89 oed yn 2014, ac o'i golli, dwi wedi bod yn myfyrio mwy a mwy ar yr hyn ydw i ac o ble dwi wedi dod, a meddwl am y gwreiddiau hynny sydd wedi fy ffurfio i.

Rai blynyddoedd yn ôl es i ac Enfys, fy ngwraig, a nifer o ffrindiau am dro i Lyn y Fan a dringo'r llethrau'r tu ôl iddo. Roedd hi'n ddiwrnod braf a chlir, ac o'r copa edrychais draw a gweld dwy ardal wahanol yn ymestyn o fy mlaen. Ar y naill law gallwn weld Brynaman, a hyd yn oed Ystradgynlais, sydd ond ychydig filltiroedd o Gwm Dulais, ac ar y llaw arall roedd Sir Gâr yn ymestyn draw at Lanymddyfri a thu hwnt i Lambed. Fe drawodd y peth fi fel ergyd – ro'n i'n edrych ar ardal fy magwraeth ym Morgannwg (Castell-nedd Port Talbot bellach), ond i'r cyfeiriad arall roedd yr ardal y daeth fy nghyndeidiau ohoni. A dyma fi'n meddwl wrth weld gogoniant gwyrdd Sir Gâr, 'Pam gythrel fydde unrhyw un eisiau gadael y fath le bendigedig?' Achos dyna wnaeth fy nhad-cu a fy mam-gu ar ochr fy mam – gadael Dyffryn Cothi ac ardal Pumsaint a mynd i fyw i ardal ddiwydiannol y Creunant yng Nghwmdulais. Wrth gwrs, mae'r rheswm pam aethon nhw'n syml. Mynd yno i gael gwaith wnaeth Dad-cu – ffermwr o Fryngarreg, tafliad carreg o Dafarn Jem yn wreiddiol, yn croesi'r Mynydd Du gyda'i wraig ifanc a'u merch fach, sef fy modryb, i geisio gwaith. Roedd ei ddau frawd wedi mynd eisoes – roedd Ben yn gweithio fel saer mewn pwll glo ac yn byw yn Ystalyfera erbyn hynny, a Dai yn byw yn Ynys-hir yn y Rhondda. Ond yr eironi yw mai ffermio y bu Dad-cu'n ei wneud yn y Creunant, ac nid gweithio yn y pwll glo neu yn un o'r diwydiannau eraill. Beili ar fferm y doctor lleol, Doctor Armstrong, oedd e, sef y Gelli (Gellidochleithau). Yna, bu'n gweithio fel beili ar fferm y Bwrdd Glo ym Mlaendulais, gwaith oedd yn cynnwys edrych ar ôl y ceffylau – y *pit ponies*.

Roedd wastad rhywun yn y ffermdy. Os nad oedd Mam o gwmpas roedd Mam-gu yno, a'r ddwy yn cwcan yn dda. O ganlyniad dwi ddim yn gallu coginio hyd heddiw. Chododd yr angen ddim erioed, oherwydd hyd yn oed pan o'n i'n hŷn ac yn swog drwy'r haf yn Llangrannog ac yn fyfyriwr yng Ngholeg y Drindod, roedd y bwyd i gyd yn cael ei baratoi ar ein cyfer. Pan o'n i'n Drefnydd yr Urdd yn Sir Benfro, roedd fy ffrind a 'nghyd-letywr, Gerwyn, yn paratoi'r bwyd a finnau'n golchi'r llestri, er nad o'n i'n berffaith yn y swydd honno o bell ffordd. Dwi'n cofio cael nodyn gan y dyn llaeth un diwrnod yn bygwth na chaem fwy o laeth nes ein bod yn dychwelyd ei boteli – hanner cant ohonyn nhw! Yn nes ymlaen eto ro'n i'n gallu bwyta yn y gwersyll yn Llangrannog am bris rhesymol iawn. Ond mwy am y cyfnodau hynny maes o law …

Symudon ni fel teulu – Dad-cu, Mam-gu, Mam, Dad, fi ac Owen fy mrawd – o'r fferm yn 1959 pan o'n i'n bump oed.

Aethon ni i fyw ym Mryn-teg, maestref o Sefn. Yna yn 1967 adeiladodd fy rhieni dŷ yn y Creunant. Dim ond pedair milltir lawr y cwm oedd e, ond yng Nghwmdulais mae gan bob pentref ei nodweddion a'i hunaniaeth ei hun, ac roedd e'n fyd newydd, er nad oedd Mam-gu a Dad-cu yn bell o hyd, wrth gwrs. Yn anffodus bu farw Mam-gu yn 1968, dim ond blwyddyn ar ôl i ni symud allan. Wedi hynny daeth Dad-cu i fyw aton ni, a gyda ni fuodd e nes iddo farw yn 79 oed yn 1974.

Wnes i erioed fyw yn Sir Gâr, ac eto mae'r dynfa at y sir yn gryf dros ben yndda i. Pobl Sir Gâr oedd Mam-gu a Dad-cu yn y bôn, er iddyn nhw ddod yn rhan bwysig o'r gymdeithas ym Mlaendulais. Wrth gwrs, cafodd y ffaith 'mod i wedi byw gyda nhw, a bod yn rhan o'r teulu estynedig hwnnw, effaith fawr arna i. Mawr oedd eu dylanwad. Straeon am Sir Gâr oedd hanesion eu hieuenctid, a bydden ni'n galw i weld y perthnasau yn y straeon hynny'n aml – ar y ffordd 'nôl o Aberystwyth, er enghraifft, lle roedd fy modryb, chwaer fy mam, yn byw erbyn hynny. Galw ar Anti Radi, chwaer fy nhad-cu yng Nghrugybar, fydden ni fel arfer.

Y genhedlaeth hŷn yw'r rhai sydd wastad yn cadw cysylltiadau fel hyn. Ond bellach dwi'n teimlo rhyw gyfrifoldeb mawr i wneud hynny. Arwydd fy mod yn mynd yn hŷn tybed? Mae'r berthynas rhyngof i a gweddill y teulu, er ei bod yn un o bell, yn bwysig iawn i fi. Ond mae mor hawdd ei cholli. A'r hiraf mae rhywun yn mynd heb gysylltu, anodda i gyd yw hi. Mae cymaint o deuluoedd yn cyfarfod mewn angladdau yn unig, ac yn angladd fy modryb yn gymharol ddiweddar, ro'n i'n siarad â dau ŵr oedd yn perthyn i fi, ond ni wyddai'r naill na'r llall eu bod yn perthyn i'w gilydd.

Un arall sy'n teimlo rheidrwydd i gynnal y rhwymau teuluol yw Elfyn Davies o fferm Troedybryn, Ffarmers. Ro'n i'n gwybod ei fod yn gyfyrder i fi, ond doedd gen i ddim syniad sut un oedd e o ran pryd a gwedd. Roedd ei fam-gu ef a fy nhad-cu innau'n frawd a chwaer, a bydde mam Elfyn, sef Joan, yn ffonio'n cartref ni yn y Creunant yn rheolaidd. Ar ôl iddi hi farw roedd Gomer ei gŵr yn gwneud hynny. Ta beth, ro'n i yn yr Eisteddfod yn Ninbych yn 2013 a dyma Alun fy ffrind yn pwyntio at gwpl gerllaw. 'O, 'co rhieni Rhodri Gomer fan 'na.' Ro'n i'n perthyn i'r bobl hyn, felly, a bellach roedd gen i wyneb i'r enwau. Dyma fagu plwc i fynd draw a chyflwyno fy hun i Elfyn a Rowena, ei wraig, ac mae'r cysylltiad wedi tyfu ers hynny. Hwyrach bod yr awenau i gynnal y cwlwm teuluol wedi cael eu trosglwyddo i ni nawr. Yn 2015 aeth Enfys a finne draw i Droedybryn, a thywysodd Elfyn ni o gwmpas yr ardal. Roedd y lonydd a'r llwybrau'n ddieithr i fi, ac eto roedden nhw'n teimlo'n rhyfeddol o gyfarwydd hefyd. Roedd y teimlad 'mod i wedi bod yno o'r blaen yn gryf iawn – am fy mod i *wedi* bod yno, wrth gwrs.

Aethon ni heibio i lefydd yn ardal Pumsaint ro'n i wedi clywed eu henwau droeon. Cefntelyrch Lodge. Athrofa, drws nesa i'r lle cafodd Mam-gu ei geni (dyna oedd enw ein tŷ ni yn y Sefn hefyd, felly ro'n i'n gwybod yn iawn am y cysylltiad). Tŷ Brasil, lle bu fy hen dad-cu yn gweithio, ond mai Ffrwd Fâl oedd ei enw bryd hynny. Aethon ni i fyny i Gaeo ac i Gwrtycadno ar hyd rhyw lonydd cefn, a finne ar goll yn llwyr. Doedd pethe ddim lle roedden nhw i fod yn fy meddwl i! Ond roedd y lonydd mor gul ag yr o'n i'n eu cofio. Dwi'n cofio, yn blentyn, gweld tractor anferthol yn dod i gwrdd â ni ar un o'r lonydd hyn. Do'n i erioed wedi gweld y fath fwystfil o beth, er mae'n siŵr mai dim ond rhyw Ffyrgi fach oedd y tractor! Mae gen i gof o Dad yn dweud y diwrnod hwnnw, 'Dwmbwl dambal lawr yr hewl, daeth y tractor fel y jiawl,' a phawb yn chwerthin.

Aethon ni hefyd lan i gapel bach Bethel Cwmpedol, ger Ffarmers – capel diarffordd a dweud y lleiaf. Yno, mae carreg fedd ac arni restr o enwau fy nheulu. Dwi'n teimlo'n emosiynol dim ond o feddwl amdani. Do'n i ddim wedi adnabod bron neb o'r bobl hyn, ond eto, mae sawl enw cyfarwydd yno, diolch i Mam-gu a Dad-cu, ac felly dwi'n ymwybodol *iawn* mai fy hanes i sydd ar y llechen.

Un garreg fedd nad wyf erioed wedi ei gweld yw un hen, hen dad-cu Mam. Dyn o ardal Llambed oedd e, a chafodd ei gorff ei ddarganfod mewn llyn ar fynydd y Rhigos, rhwng Hirwaun a Threherbert yn y Rhondda. Mae'r hyn a ddigwyddodd iddo yn chwarter olaf y bedwaredd ganrif ar bymtheg yn ddirgelwch. Un ddamcaniaeth yw ei fod wedi teithio o Lambed i ryw farchnad yn y Rhondda â wagen yn llond cynnyrch – cig a llysiau ac ati – a bod rhywun neu rywrai wedi sylweddoli ei fod yn cario cryn dipyn o arian yn ei boced ar y ffordd adre. Ymosodwyd arno a chafodd ei lofruddio. Ond gallai hefyd fod wedi meddwi ar ôl gwerthu'r holl nwyddau ac wedi cwympo i'r llyn! Fy nhad ddaeth o hyd i'w garreg fedd, a hoffwn innau fynd i'w gweld rywbryd.

Fel y soniais i, mi gollais fy nhad yn 2014 a dwi'n dal i feddwl a hiraethu amdano'n aml. Dwi'n meddwl am y blynyddoedd ges i gydag e – mae'r rheiny wedi mynd bellach, ac ry'n ninne'n mynd yn henach. Fy mrawd dalodd y deyrnged yn yr angladd. Allen i fyth fod wedi gwneud. Byddwn i wedi bod dan ormod o deimlad. Ond dwi'n falch fy mod i wedi gallu diolch iddo fe am bopeth pan oedd y ddau ohonom gyda'n gilydd yn yr ysbyty yn Singleton y diwrnod cyn iddo farw.

Bu Dad yn ymladd yn yr Ail Ryfel Byd, a chafodd ei saethu mas yn Normandi. Roedd twll mawr yn ei gefn oedd yn ddigon mawr i chi roi'ch bys yn ddwfn ynddo. Roedd y bwled wedi mynd i mewn un pen a mas y pen arall ar draws ei gefn. Ond dwywaith yn unig welais i'r twll. Fel cynifer o gyn-filwyr, doedd e ddim am drafod y cyfnod hwnnw. Er hynny, ryw noson lawr yn y Pentre Arms yn Llangrannog, dechreuodd e siarad am yr hanes, a sôn am yr hyn ddigwyddodd iddo. Dwi ddim yn cofio'n iawn beth ddigwyddodd wedyn y noson honno. Fe godais i fynd i'r tŷ bach neu fe gerddodd rhywun heibio. Dwi ddim yn siŵr. Ond yn sydyn, roedd ei wefusau wedi eu cloi eto. Dwi'n cofio dweud wrtho bydde gan Guto, fy mab, ddiddordeb yn yr hanes, ond roedd y cyfle wedi mynd. Dim ond cip bach cyflym ges i, a ddaeth y cyfle hwnnw ddim 'nôl. Doedd e ddim am rannu mwy. Ond ryw ddeng mlynedd yn ôl aeth Dad a Mam, Lisa, fy chwaer, a'i gŵr i Normandi ar wyliau. Ymwelon nhw â rhai o'r mannau arwyddocaol yn y brwydro, ynghyd â'r mynwentydd. Daethon nhw at feddi mewn un fynwent a dyma Dad, yn ôl yr hyn ddywedodd Lisa wrthyf i, yn tynnu croes fach o'i boced a'i phlannu hi yno yn y ddaear. 'Ti'n gweld rhain,' medde fe gan gyfeirio at ddau fedd. 'Ro'n nhw mewn twll fan 'na ac ro'n inne mewn twll arall fan draw, ac fe geson nhw *direct hit*. Dath mortar mewn i'r twll lle o'n i hefyd, ond nath e ddim ffrwydro. Fe dwles i fe mas.' Deunaw oed oedd e. Dim ond deunaw.

Trafaeliwr – *sales rep* – oedd e wrth ei alwedigaeth, a

bydde fe'n teithio gannoedd o filltiroedd yn mynd o gwmpas siopau yn gwerthu cynnyrch fferyllfa fel Milk of Magnesia ac Andrews Liver Salts yn ystod yr wythnos. Ond druan ohono – roedd gofyn iddo fod yn dacsi i ni dros y penwythnos wedyn. Roedd e'n hynod o gefnogol i bopeth ro'n i'n ei wneud. Pan o'n i'n ddisgybl yn y chweched yn Rhydfelen ac yn chwarae rygbi, bydde gemau ar fore Sadwrn lan yn y Rhondda a draw ym Mhontypridd. A bydde Dad yn fy ngyrru i a fy ffrindiau o ardal Cwm Dulais yn ôl ac ymlaen. Rai blynyddoedd wedyn, pan o'n i yng Ngholeg y Drindod, ro'n i'n chwarae i'r Creunant ac yn dod adre ar fore Sadwrn ar gyfer y gêm. Ar ôl chwarae, bydde Dad yn gofyn,

'Beth ti ishe i fi neud 'te?'

'Odych chi'n fodlon slipo fi 'nôl i Gaerfyrddin, plis?' Fydde fe byth yn conan na dannod, dim ond dweud, 'Af i â ti 'nôl nawr 'te ...'

Ambell nos Wener, byddwn yn ffonio. 'Elli di ddod i'n ôl i o'r tu fas i'r coleg?'

A bydde fe'n dod ar unwaith, bob tro. Un nos Wener daeth yn syth, yn ôl ei arfer, ond gallwn weld ei fod yn anesmwyth iawn pan es i mewn i'r car, a doedd dim hast arno i danio'r injan. Dywedodd fod ganddo rywbeth i ddweud wrtha i. Gofynnais a oedd e wedi cael job newydd. Na. A oedd e wedi cael dyrchafiad? Na. Oedd rhywbeth yn bod? Na. Oedd e'n iawn? Oedd, ond ... Yn y diwedd, llwyddodd i ddweud wrtha i 'mod i'n mynd i gael brawd neu chwaer fach. Roedd clywed hynny, a minnau'n 19 oed, yn dipyn o sioc a dweud y lleiaf!

Oes, mae bwlch o bedair blynedd ar bymtheg rhyngof i a Lisa, fy chwaer. Pan gafodd hi ei geni, ro'n i'n gweithio dros yr haf yn Llangrannog, ond dywedodd Owen wrtha i am y bore gafodd Lisa ei geni. Dyna'r unig fore erioed i Owen weld Dad yn mynd mas heb wneud yn siŵr bod y drysau wedi'u cloi yn gyntaf. Fydde fe byth yn gadael y tŷ heb wirio sawl gwaith fod pob allwedd wedi'i throi. Person gofalus iawn oedd Dad. Gwirio un drws ac yna gwirio un arall. Ail-wneud hyn weithiau. Ond y bore hwnnw, roedd e ar frys difrifol am ei fod mor egseited i gyrraedd yr ysbyty a chael gweld ei ferch fach newydd-anedig, Lisa.

O Sefn i'r Creunant

BUES I'N LWCUS IAWN. Ces i blentyndod hapus dros ben, a fy rhieni a'r teulu o'r ddwy ochr oedd yn bennaf gyfrifol am y bywyd braf a diogel hwnnw. Mae fy nyled yn fawr iddyn nhw am gynifer o bethau. Wnes i erioed deimlo fy mod i wedi fy amddifadu o unrhyw beth. Roedden ni'n gyfforddus ein byd. Dwi'n cofio'r wefr o gael beic un Nadolig, ond sylwi oesoedd ar ôl hynny bod rhyw farc, rhyw dolcyn bach arno. Wrth gwrs, beic ail-law oedd e a dyna pryd fwrodd e fi bod pethe'n fwy tynn ar fy rhieni nag o'n i'n ei feddwl, efallai. Ond allwn i ddim â dweud i ni fod heb ddim byd.

Fe roddon nhw werthoedd i fi. Ac, wrth gwrs, fe roddon nhw'r Gymraeg i fi, Owen a Lisa. Gallen nhw fod wedi penderfynu peidio â siarad Cymraeg â ni. Wedi'r cyfan, roedd pobl eraill yn yr ardal wedi gwneud penderfyniad tebyg ac wedi troi eu cefn ar y Gymraeg. Ond mae'r teulu i gyd yn siarad yr iaith. Mae pob perthynas sydd ar ôl yn ardal y Creunant yn dal i siarad Cymraeg. Mae pob un ohonon ni wedi cael y sylfaen yna. Bydde pethe wedi bod mor, mor wahanol arna i fel arall.

Pan o'n i'n blentyn ac yn siarad Cymraeg, wnes i erioed feddwl fy mod i a'r teulu'n wahanol. Es i Ysgol Gymraeg Blaendulais ac oedd, roedd plant yr ysgol Gymraeg a'r ysgol

Saesneg yn Sefn yn cwympo mas o bryd i'w gilydd. Roedd tair ysgol mewn rhes bryd hynny – ysgol y babanod ar waelod y rhiw, yna'r ysgol Gymraeg yn y canol, yn edrych dros ysgol y babanod, ac yna roedd yr ysgol gynradd Saesneg ar dop y rhiw yn edrych lawr dros yr ysgol Gymraeg. Pan fydd dwy ysgol yn cydfodoli fel 'na, mae cweryla'n anochel. Ond doedd dim anghydfod mawr. Plant yr ysgol Gymraeg oedd fy ffrindiau i gyd beth bynnag. Y tu allan i'r ysgol roedden ni'n mynd i'r un capel hefyd. Ond Saesneg oedd iaith yr iard chwarae 'nôl ar ddiwedd y 50au a dechrau'r 60au. Dyw'r her i gael plant i siarad Cymraeg y tu allan i ffiniau'r dosbarth ddim yn beth newydd, felly! Ond erbyn hyn, fydden i byth yn breuddwydio am eiliad siarad Saesneg â rhywun fel Hugh Davies, un o'r bechgyn a aeth i Langrannog gyda fi 'nôl yn 1965.

Yr hyn sy'n braf erbyn hyn yw bod yr ysgol Gymraeg wedi cael ei symud i'r adeilad ar waelod y rhiw oherwydd twf mewn niferoedd. Mae hwn yn adeilad cryn dipyn mwy o seis – 30 oedd yno pan o'n i'n blentyn, ond mae'n agos at 150 o ddisgyblion yn mynychu'r ysgol Gymraeg heddiw.

Chwaraeodd yr Urdd ran bwysig yn fy magwraeth hefyd. Es i i'r Adran ym Mlaendulais (Sefn) bob nos Wener am flynyddoedd, a dwi'n cofio troi at faner yr Urdd ar ddiwedd pob cyfarfod a chanu ymdeithgan yr Urdd. Es i i wersylla yn Llangrannog (unwaith!) a mynd i Lan-llyn yn ddiweddarach pan o'n i yn yr ysgol uwchradd. Bues i'n cystadlu mewn ambell eisteddfod hefyd a byddwn i'n mynd draw i dŷ Mrs Miller yng Nglanrhyd ger Ystradgynlais i gael gwersi adrodd. Doedd dim llawer o siâp arna i. Dwi'n credu i fi ennill mewn ambell eisteddfod leol, ond fawr ddim byd wedyn. Do'n i ddim yn ddigon da. Ro'n i wrth fy modd gartre, ac yn chwarae pêl-droed gyda fy ffrindiau ar y cae yng nghanol pentref y Creunant.

O bryd i'w gilydd, byddwn yn helpu fy nhad-cu gyda'r Banwen Pony Club. Fyddwn i ddim yn cystadlu go iawn, ond roedd fy nhad-cu yn 'ddyn ceffylau', ac wedi gwirfoddoli i edrych ar ôl y ceffylau i'r clwb. Bydde galw am ei wasanaeth pan oedden nhw'n cystadlu mewn sioeau bach a mawr. Bryd hynny roedd David Broome yn ei anterth fel cystadleuydd, a bydde pobl fel fe, chwarae teg, yn dod i gefnogi'r sioeau bach. Mae gen i atgofion byw iawn o fynd i Wembley Arena a'r Horse of the Year Show sawl gwaith, a helpu Dad-cu i gael y ceffylau'n barod yn y stablau y tu allan i'r arena. Yn fy hen ystafell wely yn y Creunant mae gen i'r roséts a enillais wrth gystadlu. Er nad o'n i'n rasio ac yn gwneud campau, ro'n i'n un da am eistedd ar gefn ceffyl. Ro'n i'n gallu dal fy nghefn yn syth ac 'edrych y part'. Byddwn i wedyn yn cael fy nhywys o gwmpas yr arena ac am hynny yr enillais fy roséts. Mae Ian ap Dewi, un o fy ffrindiau, wastad yn chwerthin ac wfftio'r cysyniad o 'pony club', ac yn ei weld fel rhywbeth crachaidd, ond dwi'n dweud, ''Set ti'n gweld ein Pony Club ni! Tase unrhyw beth yn mynd i chwalu'r myth yna, Banwen Pony Club fydde fe!' Rhywbeth dosbarth gweithiol oedd e.

Mae llun gen i ohono i'n eistedd ar un o geffylau Cadi, fy merch, ac roedd y ddau ohonon ni'n edrych arno'n ddiweddar. Roedd Cadi'n rhyfeddu gystal ro'n i'n edrych ar ei gefn. Unwaith i chi ddysgu rhywbeth felly – eistedd yn gefnsyth – mae'n siŵr ei fod yn dod yn ail natur ac yn aros gyda chi. Ddaeth dim byd mawr o 'niddordeb cynnar mewn ceffylau, ond mae e yno o hyd. Dwi'n mwynhau gweld ceffyl da yn rasio, er enghraifft. Mae gan Barry, gŵr fy nghyfnither Olwen, nifer o geffylau rasio da, a dwi'n dal i gofio'r wefr o weld Bossy Guest yn dod yn bedwerydd yn y 2000 Guineas yn Newmarket yn 2015, a finne wedi rhoi pumpunt arno 'bob ffordd'. Mae Enfys yn ferch fferm, ac mae ceffylau wedi bod ganddi erioed. Yn wir, trwy geffylau y cwrddon ni, pan oedd hi'n edrych ar ôl y ceffylau yn y gwersyll yn haf 1979 – ond mwy am hynny'n nes ymlaen. Ro'n i wrth fy modd yn gweld Cadi'n ymddiddori mewn ceffylau a marchogaeth. Ches i erioed fy ngheffyl fy hun, ond ro'n i mor falch bod Cadi wedi gallu cael un. Ac wrth gwrs roedd byw o fewn tafliad carreg i'r gwersyll a minnau'n gweithio yno'n rhoi cyfle i Cadi feithrin ei diddordeb yn fwy fyth. Dyna fraint rhieni – gallu rhoi i'w plant yr hyn fydden nhw wedi dymuno'i gael pan oedden nhw'n blant.

Roedd Ysgol Gymraeg Ystalyfera heb agor pan ddaeth hi'n amser dewis ysgol uwchradd i fi, ond aeth Owen a Lisa yno flynyddoedd wedyn. Roedd nifer o deuluoedd yn Sefn yn benderfynol mai i Rydfelen fydde eu plant nhw'n mynd, pobl fel teulu Hugh, fy ffrind. Yn wir, 'nôl ar ddechrau'r 60au pan wrthododd Sir Forgannwg dalu am drafnidiaeth i blant fynd yno, fe gadwodd y rhieni eu plant adre o'r ysgol mewn protest. Dwi ddim yn siŵr am ba hyd y parodd hyn, ond digon yw dweud i'r awdurdod lleol ildio, ac fe enillwyd yr hawl iddyn nhw gael eu cludo i Rydfelen am ddim. Roedd hyn yn ei dro yn galluogi nifer o blant Cwmdulais i gael addysg uwchradd Gymraeg yn y cyfnod cyn i Ystalyfera agor yn 1969. Pan ddaeth yn amser i mi fynd i'r ysgol uwchradd, roedden ni yn y broses o symud tŷ i'r Creunant. Roedd hynny'n bellach fyth o Rydfelen, ac ro'n i a'r teulu'n teimlo bydde awr o daith ychwanegol bob dydd yn ormod i blentyn ifanc – ac felly i Ysgol Ramadeg y Bechgyn Castell-nedd es i.

Welshie oedd fy llysenw i yno (hwnna a Big Ears!), a digon yw dweud nad oedd y Gymraeg yn cael lle teilwng yn y sefydliad. Dwi'n cofio'r sioc o sylweddoli bod fersiwn Saesneg o Weddi'r Arglwydd yn bodoli. Dim ond yn Gymraeg ro'n i wedi clywed pobl yn gweddïo erioed! Er hyn, bûm yn hapus iawn yno, ac ro'n i wrth fy modd yn chwarae i dîm rygbi'r ysgol – tîm oedd wedi ennill enw iddo'i hun fel un arbennig o dda.

Pan o'n i'n ifanc roedd popeth roedd arna i eisiau yn y pentref. Ro'n i'n mynd i'r ysgol a dod adre i'r Creunant. Roedd y clwb rygbi gan llath bant, a'r cyfan ro'n i eisiau ei wneud oedd chwarae i dîm ieuenctid y pentref. Ar ôl tyfu mas o hynny, ro'n i eisiau chwarae i'r tîm cyntaf. Roedd siop ddillad a siop shŵs yno. Tasech chi eisiau mwy o ddewis, byddech chi'n mynd i Gastell-nedd, a bryd hynny roedd bysys yn rhedeg bob hanner awr. Roedd pob pentref yn y cwm yn hunangynhaliol. Roedd sinema yn Sefn, ac roedd gwaith yno. Roedd y pyllau glo yn bwysig iawn, wrth gwrs. Ond yn gymdeithasol roedd popeth yn troi o gwmpas y clybiau rygbi. Yma yng ngorllewin Cymru mae'r clybiau rygbi'n perthyn i'r trefi, a'r clybiau pêl-droed yn perthyn i'r pentrefi. Dyna i chi dîm Crannog ym mhentref Llangrannog, er enghraifft. Ond yn fy mro enedigol roedd pethe go chwith. Roedd pob pentref â'i glwb rygbi ac yn y trefi fyddech chi'n cael y timau pêl-droed. Bydde'n rhaid teithio i chwarae pêl-droed i dîm, ac i beth fyddwn i eisiau gwneud hynny pan oedd gen i fy mharadwys fy hun ar stepen fy nrws? Ond ro'n i'n chwarae pêl-droed am oriau gyda fy ffrindiau draw yn y parc. Dwi'n cofio un o'r bechgyn, Wynford Jones, nad oedd wedi ei fendithio â rhyw sgiliau gwych, yn digwydd sgorio dwy gôl rhyw brynhawn. 'Good god, you're like Stanley Mathews, myn,' medde rhywun. A Stan fuodd e byth wedyn. Pan fu farw yn drasig mewn damwain car rai blynyddoedd yn ôl, bu'n rhaid defnyddio'r enw Wynford (Stan) Jones yn y cyhoeddiad a roddwyd yn y papur, gan na fydde neb wedi ei adnabod wrth ei enw iawn yn unig.

Mae llawer o'r bois fy oedran i oedd yn chwarae pêl-droed a rygbi gyda fi'n dal i fyw yn y pentref, ac er nad wyf yn eu gweld yn aml, dwi'n dal yn falch ofnadwy pan gaf i gyfle i weld y bois a dwi'n teimlo 'mod i'n dal i berthyn, er i mi fynd i ffwrdd.

Es i adre i gymryd rhan yng Ngwasanaeth y Cofio yn 2014. Roedd trefnydd y gwasanaeth wedi gofyn i fi fynd yno i gymryd lle fy nhad, gan fod yr oedfa wastad wedi bod mor bwysig iddo. Allwn i ddim gwrthod. Pan o'n i'n aros tu fas i'r eglwys i fynd i mewn, ro'n i'n teimlo nad oedd dim byd wedi newid, a bod y berthynas rhyngof i a'r bois yr un peth ag erioed. Gallech chi dyngu 'mod i wedi bod mas am gwpwl o ddrincs 'da nhw'r noson gynt. 'How are things, Steve?' Roedd rhywbeth hyfryd o gyfforddus a chartrefol am yr holl beth.

Ond mae Mam, sy'n dal i fyw yn y Creunant, yn dweud bod y lle *wedi* newid. Hwyrach mai fi sydd ddim am weld hynny. I fi mae'n dal i gadw'r un ymdeimlad o gymuned. Mae'n dal yn Gymreig iawn. Cymry sydd yno o hyd ac ychydig o fewnfudo sydd wedi bod – mae cau'r pyllau wedi gwneud yn siŵr o hynny. Y mewnfudo mwyaf yw'r mudo rhwng pentrefi o fewn y cwm. Pobl yn symud o Ystradgynlais, dyweder. Pan o'n i'n iau, os oeddech chi'n mynd mas gyda merch o Ystrad, roedd hi'n stori fawr, a bydde llawer o dynnu coes – 'You're a traitor, myn.' Bydde'r syniad o frad yn codi'n aml. Chwaraeais i dros y Creunant yn erbyn Sefn mewn gêm gwpan un tro, a dyma un o fois Sefn yn dod ata i ar y diwedd. 'You're a blydi traitor,' meddai. 'Born in Seven, you've gone and played for ruddy Creunant. And beaten us!' Ond heb ei feddwl e'n gas, wrth gwrs.

Dwi'n cofio mynd i aduniad yn y Clwb Rygbi rhai blynyddoedd yn ôl a sylweddoli bod rhywbeth sbesial yno. Fe gymerodd sbel i fi sylweddoli beth oedd e. Yn y diwedd fe wawriodd arna i taw Saesneg oedd iaith y noson, ond eto i gyd acenion Cymreig ro'n i'n eu clywed. Os ydych chi'n mynd mas yn gymdeithasol yng Ngheredigion, rydych chi'n clywed y Gymraeg neu acenion Saesneg.

Roedd hi'n gymuned draddodiadol iawn, hen ffasiwn hyd yn oed, pan o'n i'n ifanc. Un tro, pan es i a fy jîns a 'ngwallt hir 'nôl o'r coleg i far clwb rygbi'r Creunant ar ôl gêm, dyma'r boi tu ôl i'r bar yn gofyn i fi a o'n i'n bwriadu mynd adre i newid, a finne'n gofyn iddo beth roedd e'n ei olygu. 'It's Saturday night. Everybody goes home to change on a Saturday night!' A finne, ar ôl blwyddyn yn y coleg a rhywfaint o agwedd wrthsefydliadol, ddim yn deall nac eisiau cydymffurfio. Ond yn y Creunant roedd pawb yn gwisgo lan ar nos Sadwrn. Roedd y bois yn y bar, a chyplau a pharau priod yn y *lounge*. Dwi ddim yn siŵr a ydi pethe'r un fath nawr.

Doedd Mam a Dad ddim yn mynd i'r Clwb, ond bydde Dad yn mynd mas gyda'i ffrindie ar nos Sadwrn. Roedd rhyw bump neu chwech ohonyn nhw'n ffrindie mawr, a bydden nhw'n mynd am ddrinc i'r dafarn leol, y Lion. Ro'n nhw fel criw *Last of the Summer Wine*. Ond fesul un, maen nhw wedi mynd.

*   *   *

Yng Nglan-llyn, lle treuliais sawl wythnos yn ystod yr haf tra o'n i yn yr ysgol yng Nghastell-nedd, fe ddes i ar draws mwy a mwy o bobl ifanc oedd yn debyg i fi, yn gweld y Gymraeg yn bwysig iddynt, a des i'n ffrindiau mawr â llawer ohonynt. Fe benderfynais fy mod am astudio Cymraeg i Lefel A pan fyddwn yn mynd i'r chweched. Pan ddywedais i hyn wrthyn nhw yn yr ysgol, fe ges i dri dewis.

1. Aros yn Ysgol Ramadeg y Bechgyn a pheidio â gwneud Cymraeg (ddim yn opsiwn – ro'n i'n benderfynol o wneud Cymraeg)
2. Trosglwyddo i Ysgol Ramadeg y Merched ac astudio Cymraeg yno ynghyd â phob pwnc arall (do'n i ddim yn mynd i allu ymdopi â hynny!)
3. Newid ysgol.

Er bod pellter mawr rhwng Castell-nedd a Phontypridd, roedd y ddau le yn yr un sir ar y pryd, sef Morgannwg, ac roedd Rhydfelen yn opsiwn realistig felly. Roedd trafnidiaeth am ddim i'w gael bellach hefyd, diolch i safiad pobl fel teulu Hugh. Ac felly yno yr es i.

Yn y chweched uchaf yn Rhydfelen, dewiswyd Delwyn Sion a fi yn brif swyddogion. Fe wnaeth y ddau ohonom y penderfyniad ymwybodol na fydden ni'n siarad unrhyw iaith ond y Gymraeg. Dim ond Cymraeg roedden ni'n dau wedi siarad â'n gilydd o'r dechrau, ond dyma ymestyn hyn i bawb yr oedden ni'n ymwneud â nhw yn yr ysgol.

Roedd hi'n anodd, ond roedden ni'n benderfynol o wneud hyn. Efallai fod y staff wedi gweld rhyw elfen arweinydd ynof i yn rhywle. Yn sicr, dwi'n cofio Gareth Evans, athro Daearyddiaeth gwych, a ddaeth yn Bennaeth Ysgol Bro Myrddin yn ddiweddarach, yn dweud wrth Mam a Dad mewn noson rieni fy mod i'n arweinydd naturiol, ac mai arwain y byddwn i'n ei wneud ryw ben. Mae'n rhyfedd fel mae ambell frawddeg mae athrawon yn ei dweud yn aros gyda chi ac yn dod 'nôl i'r cof flynyddoedd wedyn.

Ond beth sy'n gwneud arweinydd, yntyfe? Mae rhai'n trio'n galed ond heb lwyddo, ac i eraill, mae e jyst yn 'digwydd'. Ychydig cyn i fi orffen fel Cyfarwyddwr Gwersyll Llangrannog, bu'n rhaid i fi lanw holiadur ar-lein ar gyfer rhyw gwrs i staff y mudiad. Roedd pawb ar y cwrs yn gorfod gwneud hyn, a'i bwrpas yw dod i gasgliadau ynglŷn â sut berson y'ch chi a beth yw'ch cryfderau a'ch gwendidau. Mae busnesau a chwmnïau'n defnyddio holiaduron o'r fath i geisio cael y gorau o'u gweithlu, ac mae rhai'n eu defnyddio fel rhan o'r broses benodi er mwyn sicrhau eu bod yn cyflogi'r unigolyn â'r nodweddion mwyaf addas i'r swydd. Yn ddiddorol, roedd 'uchelgais a phenderfyniad' yn isel iawn ar restr fy nghanlyniadau i, ac yn wir dwi ddim yn greadur uchelgeisiol o gwbl. Mae gan rai pobl 'gynllun pum mlynedd' ac ati o ran gyrfa. Ond yn fy achos i, fe gyrhaeddais i Langrannog ac ro'n i'n hapus. Do'n i ddim eisiau mwy. O ran diddordeb, y pump uchaf yn fy nghanlyniadau oedd:

1. Tegwch, cyfartaledd a chyfiawnder.
2. Maddeuant a thrugaredd.
3. Gwyleidd-dra.
4. Arweinyddiaeth
5. Caredigrwydd a haelioni.

Byddwn i'n hoffi meddwl bod nodweddion fel hyn wedi siapio'r ffordd mae fy rôl wedi datblygu yn y gwersyll, a sut gwnes i fy swydd.

Ond 'nôl at Rydfelen. Os bu trobwynt yn fy mywyd erioed, mynd i Ysgol Rhydfelen oedd hwnnw. Roedd yr athrawon yno'n fawr eu dylanwad arnaf – athrawon da â thân yn eu boliau, ac argyhoeddiad eu bod eisiau gwneud gwahaniaeth, yn enwedig dros y Gymraeg. Roedd y rhan fwyaf yno am eu bod yn gweld gwerth addysg Gymraeg, pobl fel Gareth Evans, Gwilym Humphreys (y pennaeth), a'r corwynt anhygoel o fenyw, Nia Daniel (Nia Royles yn ddiweddarach). Dwi'n cofio cael pryd o dafod ganddi am siarad Saesneg ar yr iard pan o'n i yn y chweched isaf. Bois bach, ches i ddim stŵr tebyg na chynt nac wedyn! Un fach oedd hi – tua 5'2" – a finne ymhell dros fy chwe throedfedd. Ond ro'n i'n crynu wrth wrando. Fentren i ddim peidio. Oni bai amdani hi a'i hanogaeth a'i chefnogaeth, fyddwn i ddim wedi pasio Lefel A Cymraeg. Roedd hi'n wir yn ysbrydoliaeth. Ac oni bai am Rydfelen, fyddwn i ddim wedi dilyn y llwybr dwi wedi ei ddilyn yn ystod fy mywyd.

Pan o'n i'n ddisgybl yn yr ysgol ramadeg, yr unig blant yr oedd gan y staff ddiddordeb ynddyn nhw oedd y rhai oedd yn rhagori mewn chwaraeon, cerddoriaeth neu bynciau hynod academaidd. Doedd dim byd allgyrsiol arall, a dim llawer i'w gynnig i'r rhai oedd yn go lew ym mhopeth. Ond yn Rhydfelen, roedd pawb yn cael ei dynnu i mewn i bob math o weithgareddau anhygoel. Roedd y profiadau drama'n arbennig yno, er enghraifft. Ac roedd y rheolau'n fwy llac. Dwi'n cofio rhai o fois gwallt hir yr ysgol, ychydig ar ôl i fi symud yno (a finne'n un ohonyn nhw erbyn hyn), yn cwyno am reolau a'r ffordd roedden nhw'n cael eu trin, a minnau'n dweud wrthyn nhw, 'Gwrandwch bois, 'sech chi wedi bod mewn ysgol fel yr un o'n i ynddi, fyddech chi ddim yn cwyno. So chi'n gwbod eich geni!' Roedd Rhydfelen yn cael ei rhedeg mewn ffordd eangfrydig, ryddfrydol, ac roedd yr hawl i dyfu eich gwallt i unrhyw hyd yn adlewyrchiad o hynny.

Ar ôl gorffen yn yr ysgol, penderfynais i a rhai o fy ffrindiau fynd i Langrannog am wythnos fel swogs. Fe wnaethon ni'r un fath flwyddyn ynghynt yn 1971, dros yr haf rhwng y chweched isaf a'r chweched uchaf, a mwynhau'n fawr. Ac roedden ni am fynd eto. Ond cyn i mi fynd, awgrymodd fy nhad hwyrach y dylwn i gael swydd dros yr haf yn lle hynny, er mwyn ennill arian poced i fynd i'r coleg. Ro'n i wedi cael fy nerbyn i Goleg y Drindod i wneud cwrs Tystysgrif Athro'r mis Medi canlynol. Felly, dyma fi'n mynd lawr i Gastell-nedd. Roedden nhw'n dechrau adeiladu'r hewl a fydde'n cysylltu Llandarcy a Chastell-nedd, ac es i ofyn i'r cwmni a oedd ganddyn nhw waith labro dros yr haf. Doedd 'na ddim, ond do'n i ddim yn siomedig. Roedd y penderfyniad wedi ei wneud ar fy rhan, felly, bant â fi i Langrannog i fod yn swog, heb ddim cynlluniau ar gyfer gweddill yr haf. Tybed beth fyddai wedi digwydd i mi petai job wedi bod ar gael ...

Swog haf, Coleg y Drindod a Sir Benfro

A R DRIP RYGBI I DDULYN gyda ffrindiau o Grymych un tro, ces i fy nghamgymryd am Steven Spielberg, ac efallai fod rhyw debygrwydd bach yno, yn enwedig wrth i 'ngwallt i wynnu. Roedd y cwpl a ddaeth ataf yn daer mai fi oedd y cyfarwyddwr ffilm byd-enwog, ac roedden nhw'n dweud eu bod yn edmygu fy ngwaith yn fawr! 'We love you, Steven,' medden nhw. Ond fel y dywedais wrthyn nhw, dim ond yr enw cyntaf oedd yn gyffredin i'r ddau ohonom!

Pan es i Langrannog fel swog y tro cyntaf, es i o fod yn Stephen (neu Steve ambell waith) i fod yn Steff. Roedd Ethni Daniel, chwaer Nia Daniel, fy athrawes Gymraeg yn Rhydfelen, yn y gwersyll, ac roedd hi'n mynd ati i newid enwau'r bobl ifanc i gyd i fersiynau Cymraeg. Roedd yr un tân ac angerdd anhygoel yn y ddwy chwaer! Steff o'n i iddi hi ac felly Steff o'n i i bawb yn y gwersyll. Ymhen rhai misoedd byddwn yn mynd i Goleg y Drindod, a nifer o fy nghyd-swogs a fy ffrindiau o'r gwersyll yn mynd yno hefyd. Ac wrth gwrs, fel Steff Jenkins roedden nhw'n fy adnabod i. Ond i Mam a'r teulu, ac i bobl gartre yn y Creunant, dwi'n dal yn Stephen. Does gen i ddim problem o gwbl â hyn. Enwau gwahanol ydyn nhw, ond yr un person ydw i.

Tra o'n i yn y gwersyll yn Llangrannog fel swog yn haf
1972, ces i gynnig aros dros yr haf cyfan. Roedd Howard Jones
o Gwm-gors, a ddaeth yn athro a chydlynydd i bobl fyddar
a phobl ddall yng ngorllewin Cymru'n ddiweddarach, wedi
mynd yn sâl, a gofynnodd John Japheth, pennaeth y gwersyll
ar y pryd, a hoffwn i aros ymlaen i weithio. A dyna wnes i.
Roedd hon yn swydd haf gyda chyflog, nid un wirfoddol.
Roedd bod yn aelod o staff y gwersyll ar y pryd yn wahanol i
fod yn swog. Bydden ni'n gwneud pob math o bethau – trwsio
pebyll, gweithio yn y siop ... Bues i yno wedyn bob haf tra o'n
i yn y coleg. Rhyfedd sut mae amgylchiadau yn gallu troi ar un
'ie' neu 'na'. Roedd fy llwybr gyda'r Urdd wedi ei osod.

Hyfforddi i fod yn athro wnes i, a mwynheais fy nghyfnod
yn y Drindod yn fawr. Roedd Norah Isaac yn bersonoliaeth
ddylanwadol iawn yn y cyfnod, ac er nad o'n i'n gymaint o
berson drama â phobl fel Cefin Roberts, Cliff Jones ac eraill,
ro'n i'n mwynhau bod yn rhan o fwrlwm pethe. Nid y bobl
oedd yn gwneud eu gwaith cartref yn brydlon, na'r rhai oedd
yn rhoi popeth i'w hastudiaethau academaidd oedd yn mynd
â bryd Norah. Doedd dim llawer o amser ganddi i'r myfyrwyr
nad oedd yn mynd i ddigwyddiadau gyda'r nos na'r rhai oedd
yn mynd adre'n aml. Roedd y pethe allgyrsiol yn bwysig
eithriadol iddi. Hyd yn oed fel myfyriwr ifanc, ro'n i'n gallu
gweld yn glir bod addysg, iddi hi, yn fwy na jyst yr hyn oedd
yn cael ei ddysgu yn y darlithoedd. Mae'n wir dweud bod
ganddi ei ffefrynne – y criw drama oedd yn mynd rownd gyda
hi i berfformio'r anterliwt, *Tri Chryfion Byd* gan Twm o'r Nant,
er enghraifft – ond ro'n i'n hoff iawn ohoni er nad o'n i'n un o'r
'criw'.

Cefais glod mawr ganddi un tro. Ym mis Ionawr 1974 perfformiwyd tair drama fer ganddon ni fyfyrwyr er mwyn codi arian ar gyfer Eistedfod Genedlaethol Caerfyrddin y flwyddyn honno. Ar ôl i Norah weld fy mherfformiad yn y ddrama *Y Practis*, dyma hi'n dod ataf yn y coridor drannoeth a dweud: 'Gallech chi wneud actor ffars penigamp.' Clod yn wir! Dyma hefyd pryd tyfais farf am y tro cyntaf. Penderfynodd cynhyrchydd y ddrama fod eisiau *sideburns* ar fy nghymeriad. Felly penderfynais dyfu barf dros wyliau'r Nadolig ac eillio cyn y ddrama, yn hytrach na cheisio eillio rownd y *sideburns*. Ro'n i'n ffansio'n hun mewn barf, ac er i'r cynhyrchydd newid ei feddwl am y *sideburns*, aildyfais y farf, ac mae wedi bod 'da fi byth ers hynny. Ni fyddai Enfys, Guto a Cadi'n fy nabod hebddi erbyn hyn, er ei bod yn dipyn mwy llwyd nawr nag oedd hi yn 1974!

Ro'n i'n ymddiddori mwy mewn rygbi. Ces i gwpl o dreialon i dîm rygbi Castell-nedd, ac ro'n i'n obeithiol iawn y byddwn i'n cael chwarae iddyn nhw. Y cynllun yn fy mhen oedd mynd i fyw gartre, a dysgu mewn ysgol gynradd gyfagos. Dyna o'n i wedi ei weld yn fy nyfodol. Ond y gwir amdani oedd nad oedd chwarae rygbi'n yrfa bryd hynny. Doedd rygbi ddim yn talu'r biliau. Pwy a ŵyr, petai'r cyfle wedi bod yno i fi ennill fy mara menyn yn chwarae rygbi, efallai fydde hynny wedi fy sbarduno i ddatblygu fy sgiliau a chymryd y llwybr hwnnw'n wirioneddol o ddifri.

Roedd Carwyn James yn ddarlithydd Cymraeg arna i, a bydde fe wastad yn cadw llygad ar sut roedd pethe'n mynd gyda fy rygbi. Ro'n i'n chwarae gyda'r Creunant ar y pryd, a bydde fe'n dweud pethe fel, 'O'n i'n gweld eich bod chi 'di

Diwrnod fy medydd gyda'r teulu a'r gweinidog. Haf 1954

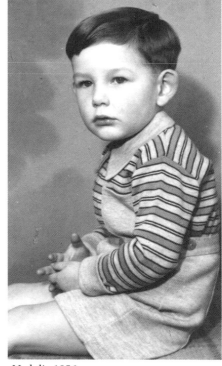

Gyda fy nwy fam-gu   Nadolig 1956

Y diddordeb mewn ceffylau yn dechrau'n ifanc

Ar wyliau yn Ninbych-y-pysgod 1958

Sioni Winwns

Fy mharti pen-blwydd yn wyth oed

Ysgol Gymraeg Blaendulais – gyda Miss Roberts y Brifathrawes, 1965

Criw o Ysgol Aberdâr, haf 1964. Mae Gwynfryn Morgan a Delwyn Sion yn y rhes gefn

Gyda fy nhad ac Owen, fy mrawd, o flaen ein
tŷ newydd yn y Creunant, 1967

Ysgol Rhydfelen 1972

Gwrthsefydliadol! Yr unig un sy'n gwisgo shorts gwyn a gwallt hir.
Clwb Rygbi'r Creunant, 1972–3

Dilwyn Jones, fi yn y canol ac Alun
Stephens ar ddechrau dyddiau'r
Gwersyll yn 1979

Torri'r dywarchen gyntaf ar gyfer y llethr sgïo. Gwanwyn 1989

Yn swyddfa'r
Gwersyll yn yr 80au

Diwrnod priodas
Enfys a fi.
3 Ebrill 1982

Guto, Cadi a'r gath

Guto a Cadi yn nyddiau'r ysgol
gynradd

Staff y Gwersyll. Medi 1984. Mae nifer y staff wedi tyfu cryn dipyn ers hynny

Ennill Gwobr Buddsoddwyr Mewn Pobl am y tro cyntaf yn 1996

Guto a Cadi yn 2012

Guto a Cadi'n marchogaeth

Wedi ymddeol ond yn dal i fwynhau'r olygfa

ennill ddydd Sadwrn.' Dim ond sylwadau bach fel 'na, ond ro'n nhw'n golygu llawer iawn i fi.

Roedd Cymry brwd iawn yn y coleg, a bydden ni'n mynd ar brotestiadau Cymdeithas yr Iaith, er enghraifft. Ond ar yr un pryd, roedd rhai myfyrwyr gwirioneddol gwrth-Gymraeg yno hefyd, yn enwedig rhai o fechgyn y drydedd flwyddyn pan o'n i ar fy mlwyddyn gyntaf. Doedd rhai ohonyn nhw ddim yn fy neall i. Mewn ffordd, ro'n i'n dod o gefndir tebyg i lawer ohonynt – bois o ardaloedd diwydiannol de Cymru, Cymry nad oedd yn siarad Cymraeg. Ac ro'n inne, wrth gwrs, yn foi o Gwmdulais oedd yn chwarae rygbi. Ond doedden nhw ddim yn deall pam bydden i'n dewis mynd i brotest neu rali yn hytrach na mynd i weithgaredd rygbi yn y coleg. Dwi'n cofio un ohonynt yn dweud wrtha i ar ddiwedd fy mlwyddyn gyntaf,

'I've never worked you out.'

'What d'you mean?'

'You play rugby.'

'Yes?'

'From Crynant ... Seven Sisters ...'

'Yes?'

'But you're a Gog!'

Yn eu golwg nhw, roedd unrhyw un oedd yn ymwneud â'r bywyd Cymraeg yn 'gog', lle bynnag oedden nhw'n byw. Roedden nhw'n defnyddio'r term fel un sarhaus iawn. Roedd y criw hwn yn reit ddylanwadol, ac yn anffodus roedd eu hagwedd yn treiddio i agweddau pobl eraill hefyd. Dwi'n cofio teimlo fel y 'new kid on the block' pan ddechreuais i yn y Drindod, a dod yn ymwybodol iawn o'r agweddau cas, chwerw hyn at y Cymry. Ond ro'n i'n hapus i anwybyddu hyn. Roedd fy magwraeth a'r sylfeini yn yr ysgol gynradd ac Ysgol Rhydfelen yn gryfach.

Er gwaetha'r diddordeb mewn rygbi, roedd gweithio i'r Urdd yn opsiwn deniadol iawn i fi o'r dechrau yn y cyfnod pan o'n i'n ystyried llwybr gyrfaol. Ddechrau'r haf ar ôl gadael y coleg yn 1975, ro'n i'n gwybod bod nifer o swyddi gyda'r Urdd ar fin cael eu hysbysebu. Ces i fy ngwahodd i gyfweliad ar gyfer un o'r swyddi hyn un nos Fawrth, ddim yn hir ar ôl gadael y coleg. Swydd Trefnydd yr Urdd yn Sir Benfro oedd hi (Swyddog Datblygu yw ei theitl erbyn hyn). Ond y diwrnod cyn hynny, ar y dydd Llun, ffoniodd Mam fi yn Llangrannog, lle ro'n i'n gweithio dros yr haf, i ddweud bod Swyddfa Addysg Leol Castell-nedd (fel roedd hi bryd hynny) wedi cysylltu i ddweud bod cyfweliad 'da fi ar y dydd Iau yn Ysgol Gynradd Alderman Davies, Castell-nedd – a dim ond fi oedd yn cael cyfweliad! Ond mi ges i'r swydd gyda'r Urdd, ac es i fyth i'r cyfweliad yng Nghastell-nedd. A dweud y gwir, es i ddim i ddysgu erioed, er gwaethaf fy nghymhwyster. Enghraifft arall o sut mae llwybr bywyd yn gallu troi ar un 'ie' neu 'na', yntyfe?

Prin yw'r cof sydd gen i am y cyfweliad, ond dwi'n cofio dau beth yn glir iawn. Yn gyntaf, roedd y Fonesig Edwards, gwraig Syr Ifan ab Owen Edwards, ar y panel, a'i chwestiwn penodol hi i fi oedd, 'Pa mor hir ydych chi'n mynd i aros gyda'r Urdd?' Ychydig a wyddai'r ddau ohonom y byddwn yn treulio'r deugain mlynedd nesaf yn gweithio i'r mudiad. Yr ail beth dwi'n eu cofio'n gofyn yw, 'A oes gennych chi drwydded yrru?' Nawr, y gwir oedd nad o'n i ddim wedi bod y tu ôl i lyw car yn fy myw! Car cwmni oedd gan fy nhad, a chawn i ddim gyrru hwnnw. A doedd dim angen car arna i, gan fod popeth ro'n i ei angen yn y pentref yn y Creunant, a bysys yn mynd yn rheolaidd i bob man arall. Prin oedd y bobl â cheir ganddyn nhw yn y coleg hefyd, er mai nhw oedd y bobl fwyaf poblogaidd ar nos Sadwrn yn aml, pan fydde angen lifft arnon ni. Ond 'nôl at y cyfweliad, a'r cwestiwn am y gyrru. Dyma fi'n eu hateb â hyder, a dweud fy mod i'n brysur tu hwnt yn dysgu, ac y byddwn i wedi pasio ymhen dim o dro!

Ar ôl i fi gael y swydd, es i 'nôl i'r gwersyll, ac aeth Dai a John Japheth â fi mas yn syth. Bues i'n gyrru lan a lawr yr hewl oedd yn arwain at y gwersyll a throi'n ôl wrth y fferm, a bu bron i fi yrru mewn i'r llyn unwaith! Dwi'n cofio codi fy nhroed oddi ar y clytsh a methu'n lân â deall sut oedd tynnu troed oddi ar rywbeth yn golygu 'mod i'n mynd yn gynt. Ond roedd fy nhroed i'n dal i lawr yn fflat ar y sbardun. Cyn pen dim, fodd bynnag, des i ddeall yn go lew beth o'n i fod i'w wneud. Athro da yw gorfodaeth!

Cafodd Gerwyn Jones, a fu gyda fi yn Rhydfelen am flwyddyn a gwneud Ymarfer Dysgu yn y Drindod, swydd yn Ysgol Efail-wen ger Crymych yr un pryd ag y cefais i swydd y trefnydd yn Sir Benfro. Ffoniodd e fi yn y gwersyll i ddweud ei fod yn mynd lawr i gwrdd â'r prifathro, a gofyn a hoffwn i rannu tŷ gydag e. A dyna wnaethon ni – a byw ym Mynachlog-ddu am dair blynedd. Bu'n gyfnod hapus iawn.

Roedden ni'n ffrindiau da. Fe oedd fy ngwas priodas i, ac ro'n i'n was priodas iddo fe. Ac mewn cyd-ddigwyddiad arall yn fy mywyd, fe gafodd e a Siân, ei wraig, ferch fach ddydd Nadolig 1989 ac yna ganwyd ein Guto ni ddydd Nadolig y flwyddyn ganlynol. Dydyn ni ddim yn gweld ein gilydd mor aml erbyn hyn, ond pan fyddwn ni'n cwrdd, mae'r hen berthynas agos yn dal yno.

Dechreuais ar fy swydd yr un pryd ag y dechreuodd eraill mewn swyddi tebyg mewn gwahanol ardaloedd drwy Gymru. Roedd Emyr Wyn, yr actor a'r canwr, wedi ei benodi'n drefnydd yng Ngheredigion; Wayne Williams, ymgyrchydd gweithgar gyda Chymdeithas yr Iaith a aeth yn athro Cymraeg wedyn, ym Mrycheiniog, a Selwyn Evans (Sel Socs), sy'n berchen Siop y Siswrn yn yr Wyddgrug, yn hen Sir y Fflint. Roedd hi'n braf bod yn rhan o dîm newydd a gallu rhannu profiadau.

Bydde Gerwyn a fi'n cynnal ambell barti yn y byngalo *dormer* bach hwnnw ym Mynachlog-ddu yng nghanol y 70au. Un tro, ro'n i newydd drefnu gig gyda'r grŵp Shwn, ac ar ôl hynny dyma fynd adre i ddathlu. Erbyn i fi orffen cloi a gwneud yn siŵr bod y band wedi cael eu talu, ro'n i'n hwyrach yn cyrraedd na'r lleill. Roedd llond y lle 'na, a dyma rywun yn gofyn a o'n i wedi bod yn fy stafell eto. 'Na,' medde fi. Ymhen ychydig, dyma rywun yn gofyn eto a o'n i wedi bod i fy stafell. 'Na,' medde fi. Ac aeth hyn ymlaen am dipyn go lew. Felly, draw â fi, yn ansicr braidd, i fy ystafell wely. Roedd popeth yn edrych yn iawn. Dim byd od o gwbl. Ond pan ofynnodd rhywun arall i fi a o'n i wedi bod yn fy ystafell lan lofft, ro'n i braidd yn siarp wrth i fi ddweud nad honna oedd fy ystafell i, mai un sbâr oedd honno, a 'mod i'n cysgu ar y llawr gwaelod. Dyma'u hwynebau'n cwympo! Es i lan i weld yr ystafell yn syth, ac yno, yn syllu'n jacôs arna i, roedd dafad! Nes ymlaen, fe aeth rhywun mor bell â thynnu llun o fachan yn y gwely gyda'r ddafad 'ma (nid fi). Yn oriau mân y bore, fe daflon ni'r creadur allan, a phan ddeffrodd pawb y bore wedyn, fe ddychrynon ni wrth ei gweld hi'n dal yno, yn syllu arnon ni o'r ardd ar bwys y drws ffrynt. Yn y diwedd, aeth y partïon yn rhy wyllt, a bu'n rhaid stopio eu cynnal.

Am sbel wedi 'ny bydden i'n mynd i ysgolion yng ngwaelod Sir Benfro, ac athrawon cwbl ddieithr yn dod ata i a gofyn, 'Hey, what's this story I've heard about a sheep?' Roedd yr hanes ar led! Ond a dweud y gwir, roedd hi'n stori dda i dorri'r iâ a sefydlu perthynas hwyliog a chyfeillgar â phobl newydd.

Ysgrifennodd Jim O'Rourke gân am y 'good time boys' ar gyfer ei fand Rocyn, a gwell i mi gyfaddef fy mod i'n un o'r 'boys' hynny. Daeth y syniad am y gân i Jim ar glywed sylw gan fam Rhys Ifor, sy'n rheolwr cwmni masnachwyr adeiladu yn Aberteifi erbyn hyn. Roedd e'n grwt ysgol ar y pryd ac wedi torri ei goes. O ganlyniad, doedd e ddim yn gallu mynd ar y bws gyda'r bois eraill ar ôl gêm rygbi, ac roedd e'n cael lifft gan Gerwyn a fi. Ond roedd ei fam yn ei rybuddio'n rheolaidd: 'Bydd di'n ofalus Rhys, ti'n rhy ifanc i fynd bant gyda'r "good time boys" 'ma.' A dyna lle tarddodd cân Rocyn.

Roedd natur fy swydd newydd yn amrywiol. Roedd rhai pethe roedd yn rhaid eu gwneud – pethe oedd yn rhan o galendr yr Urdd o'r dechrau un ac sy'n dal i fod o ran hynny, fel trefnu'r eisteddfodau cylch a sir, a threfnu cyfnodau yn y gwersylloedd. Roedd cydymffurfio ag amodau grantiau'n golygu bod yn rhaid gwneud hyn a'r llall. Ond roedd lot mwy o ryddid i drefnu pethe yn ôl eich chwaeth a'ch mympwy eich hunan bryd hynny hefyd, ac roedd tuedd ynof i fynd ar ôl pethe fel chwaraeon a gigs.

Roedd Aelwyd Crymych yn gryf iawn ac yn llawn bwrlwm, ond roedd 'na aelwydydd eraill hefyd – wyth neu naw ohonynt

– a dechreuodd Elfed Lewys aelwyd newydd yng ngwaelod y sir yn y cyfnod hwnnw. Buan y des i sylweddoli bod rhai pethe'n gweithio'n wych mewn un sir, ond ddim yn llwyddiannus o gwbl mewn sir arall. Yng Ngheredigion yn y 70au a'r 80au cynnar, roedd y Carnifalŵn yn ei anterth. Rhyw fath o eisteddfod ddwl oedd hon, a phobl yn gwisgo lan. Weithiodd hynny ddim cystal yn Sir Benfro.

Roedd hi'n swydd reit unig yn aml. Roedd llawer o'r gwaith yn ystod oriau anghymdeithasol. Bydde hynny'n anorfod yn golygu teithio'n hwyr y nos ar ôl pwyllgorau yn ogystal ag ymweliadau ag aelwyddydd. Tasen i wedi bod yn Nhyddewi, er enghraifft, bydden i'n croesi'r Preseli o Abergwaun i Faenclochog ac yna dros y rhos i Fynachlog-ddu. Fe welais i'r 'niwl ar fryniau Dyfed' droeon ac roedd y daith yn gallu bod yn un anghyfforddus o unig yng nghanol nos yn y gaeaf.

Volkswagen Beetle oedd gen i. Dyna'r car a roddwyd at ddefnydd y rhan fwyaf o weithwyr yr Urdd – roedd fflyd ohonynt – ac etifeddais gar fy rhagflaenydd yn y swydd, sef Stan Williams. Car oren llachar oedd e ac roedd Stan, fel artist, wedi gweld yn dda i beintio draig goch fawr ar gefn y cerbyd. Yn sicr, allen i ddim mynd i unman heb fod pobl yn sylwi arna i! Roedd yn dueddol o dorri i lawr – rhywbeth oedd yn fy ngwneud i'n nerfus wrth deithio'n hwyr y nos, a dweud y lleiaf. Byddwn i'n mynd i gyfarfod yn Aberystwyth, a byddwn i yno am ddau ddiwrnod yn ffaelu cael y car i ddechrau. Fe ddes i'n dipyn o arbenigwr ar drwsio injan y Beetle – injan fach, syml a dweud y gwir – a chanddi sŵn gwahanol i geir eraill. Dwi'n cofio ffrind i mi'n dweud wrtha i un tro, 'Est ti heibio ffordd 'na ddoe.' 'Beth? Welest ti fi?' atebais. 'Naddo,' medde fe, 'clywed injan y car o bell wnes i.'

Roedd y car yn y garej yn cael ei drwsio pan ddechreuais i ar fy ngwaith, felly doedd dim ffordd gen i fynd o gwmpas. Ond trwy lwc, roedd car gan Gerwyn, a byddwn i'n cael lifft ganddo fe o Fynachlog-ddu mor bell â'r hewl fawr yn Glandy Cross wrth ymyl Efail-wen. Dwi'n cofio mynd i Hwlffordd yn yr wythnos gyntaf er mwyn cyflwyno fy hunan i'r Swyddog Addysg Rhanbarthol. Y bore hwnnw, es i mewn i'r siop yn Glandy Cross i ofyn pryd fydde'r bws nesaf i Hwlffordd yn dod. Dyma'r hen foi oedd yn gweithio yno'n dweud, 'Wel 'y machgen bach i ... a'th y bws dwetha ...' A finne'n disgwyl iddo ddweud iddo adael rai oriau ynghynt, aeth yn ei flaen. 'Gadawodd y bws dwetha i Hwlffordd ... dair blynedd a hanner yn ôl!' Felly mas â'r bys bawd! Bu'n rhaid ei bodio hi i'r cyfarfod.

Pan ddechreuais i fynd mas gydag Enfys, Beetle oedd ganddi hithau hefyd. Roedd system wresogi elfennol iddo, a phan oedd y car yn dechrau tynnu mlaen mewn oedran dau 'setting' oedd i'r system! Y gwres ymlaen ffwl pelt, neu'r gwres bant – a dim tir canol! Bydde Enfys yn ymweld â'r garej ym Mhontarddulais i ddiffodd y system tua mis Mawrth neu Ebrill, ac yna'n dychwelyd i'r garej i gael y gwres ymlaen tua mis Hydref.

Yn rhinwedd fy swydd fel trefnydd, ro'n i wedi derbyn rhai pethe eraill yn ogystal â'r car – teipiadur, hen beiriant Gestetner er mwyn gwneud llungopïau, a hefyd rhyw fath o system sain er mwyn fy ngalluogi i alw'r dawnsio mewn twmpathau. Rhaid i fi gyfaddef, er i mi weithio i'r Urdd am dros ddeugain mlynedd, wnes i erioed alw twmpath, er bod rhai aelodau o'r staff wedi gwneud hynny'n rheolaidd.

Roedd y tair blynedd yna'n rhai arbennig o hapus yn fy mywyd. Gydol y cyfnod, ro'n i'n dal i fod mewn cysylltiad agos iawn â'r gwersylloedd. Roedd yn rhan o'n dyletswyddau ni fel trefnwyr i dreulio tair wythnos yn Llangrannog a thair wythnos yn Nglan-llyn, a bydde gofyn i ni redeg penwythnosau amrywiol gyda'n siroedd neu'n rhanbarthau hefyd. Yn 1971 sefydlodd Sir Benfro gwrs astudiaethau amgylchfyd i blant oed cynradd bob mis Mai, ac mae hwn yn dal i fynd nawr.

Yn 1978 gwelais hysbyseb am swydd aelod o staff parhaol yn y gwersyll yn Llangrannog. Ro'n i mewn cyfyng gyngor ynghylch ymgeisio am y swydd. Wedi'r cyfan, ro'n i'n hapus iawn lle ro'n i. Ond mynd amdani wnes i, achos ro'n i'n ymwybodol iawn y gallai pwy bynnag fydde'n cael y swydd aros ynddi am amser hir, ac efallai na fydde cyfle arall yn dod ar hast wedyn.

Dwi'n un o'r bobl hynny nad yw wedi manteisio ar addysg ffurfiol, er 'mod i wedi gwneud yn fawr o bob cyfle allgyrsiol. Un lefel A sydd gen i a hynny mewn Cymraeg. Does dim gradd gyda fi – cefais dystysgrif athro mewn cyfnod pan nad oedd angen gradd i fynd i fyd addysg. Ond o ran yr Urdd, dwi wedi bod yn y lle iawn ar yr amser iawn lawer gwaith. Dwi wedi gallu manteisio ar gyfleoedd, a dwi wedi tyfu'n organig gyda'r swyddi yn eu tro. Mae pob darn wedi disgyn i'w le – fel ffawd, bron.

Dechrau a datblygu – gwaith a mwy

YN I FI DDECHRAU yn fy swydd newydd yn Llangrannog ym mis Medi 1978, roedd storm ofnadwy wedi taro Cymru ddiwedd mis Awst. Dwi'n ei chofio'n iawn. Ro'n i'n gorwedd yn fy ngwely yng Nglan-llyn yn gwrando ar y gwynt yn rhuo'n ffyrnig – ro'n i yno'n cyflawni un o fy nyletswyddau olaf yn fy swydd fel trefnydd. Ond draw yn Llangrannog, roedd y pebyll ar waelod y cae lle roedd y bechgyn yn cysgu wedi cael difrod mawr. Ac fe ddywedodd John Japheth: dim mwy o bebyll! Pan ddechreuais i, felly, roedd yn gyfnod o addasu rhai o'r hen adeiladau. Rhwng 1978 ac 1982 rhoddwyd y gorau i wersylla mewn pebyll, ac addaswyd rhai o'r hen adeiladau pren yn gabanau cysgu. Yna aethpwyd gam ymhellach a dymchwelwyd yr hen adeiladau hyn. Yr hen gaban bwyta a'r capel aeth gyntaf – er mwyn darparu lleoedd cysgu newydd ac ati ar gyfer yr haf. Doedd y gwersyll ddim yn bodoli yn yr un ffordd yn y gaeaf ag yr oedd yn ystod yr haf. Busnes tymhorol oedd e bryd hynny, ac yn ystod y gwanwyn, yr hydref a'r gaeaf bydde'r gwaith cynnal a chadw, yr addasu a'r adeiladu'n digwydd, er bod rhai grwpiau bach ac ambell ysgol yn dod i aros bryd hynny hefyd.

Yn y gaeaf pan ddechreuais i, dim ond 140 o welyau oedd ar gael i'w defnyddio tu allan i gyfnod yr haf. Roedd 128 o'r gwelyau i blant mewn dau goridor pren (Bryneithin, lle mae'r swyddfeydd erbyn hyn, a'r Gelli). Roedd dwsin o welyau i athrawon neu ofalwyr mewn ystafelloedd pâr yn adeilad newydd Enlli, a oedd wedi agor ym mis Medi 1978.

Cyn i floc Enlli gael ei adeiladu, yn y cyfnod pan o'n i'n gweithio yno dros yr haf ac yn mynd yno yn rhinwedd fy swydd flaenorol, bydde'r athrawon yn aros ar yr un coridor â'r plant, yn yr ystafell nesaf at y toiledau ac yn rhannu'r un cyfleusterau – rhywbeth na fydde'n dderbyniol erbyn heddiw. Dyw pobl ddim am fynd i aros i unman heb gyfleusterau *en suite* erbyn hyn.

Roedd yr athrawon yn rheoli'r golau yn ystafelloedd y plant. Roedd switsh i'w gael yn eu hystafell nhw yn unig, er mwyn iddyn nhw ddiffodd y golau yn yr ystafelloedd eraill, a'r plant yn gwybod ei bod yn bryd setlo a mynd i gysgu.

Bydde hi'n uffern y noson gyntaf weithiau – plant yn codi i fynd i'r tŷ bach, er hwyrach nad oedd *rhaid* iddyn nhw fynd, ac wrth gwrs fedrech chi ddim eu hatal rhag ofn eu bod yn sâl neu fod gwir angen mynd. Mae lloriau pren yn wir yn chwyddo sŵn traed bach, a phob un yn mynd heibio i ystafell yr athrawon!

Erbyn hyn, dydych chi ddim eisiau pobman mewn tywyllwch. Dwi'n cofio yn un o'r blociau, er enghraifft, fe osodon ni synwyryddion arbed ynni – arfer gyffredin mewn adeiladau cyhoeddus ac ysgolion erbyn hyn – a'r golau'n tanio wrth synhwyro symudiad ac yn diffodd pan fydde popeth yn llonydd. Aeth un ferch fach i'r tŷ bach yng nghanol y nos un tro, a gan nad oedd hi wedi symud rhyw lawer am gyfnod, diffoddodd y golau. Wel, byddech chi a fi'n cael rhywfaint o ofn, mae'n siŵr, ond roedd y ferch fach ar y sbectrwm awtistig. Aeth i hysterics a bu'n anodd iawn ei chysuro, druan. Bellach, does dim rhaid i blant ddod mas o'u hystafelloedd yn y nos oni bai fod problem, ond ar yr un pryd dydych chi ddim am iddyn nhw ddod mas i goridor tywyll. Os oes problem, boed yn hiraeth neu'n salwch, mae mynd allan i goridor tywyll yn mynd i wneud y broblem yn waeth yn hytrach na thawelu'u hofnau nhw. Mae goleuadau ymlaen yn y coridorau, felly.

Yn y 70au a'r 80au roedd cyfyngiadau ar yr hyn roedd y plant yn cael dod gyda nhw a'r rheiny'n cael eu nodi mewn gohebiaeth – dim tortsh, dim radio, dim cyllyll poced (!), dim offer electronig o gwbl. Roedd hyn yn wir am y gwersylloedd i gyd. O ran y tortsh, y syniad oedd i atal y plant rhag chwarae dwli yn eu cabanau. Ond mae ffonau symudol gan gymaint o'r plant nawr ac mae tortsh ynghlwm wrthyn nhw ta beth. Bydden i'n dal i'w hannog i adael eu ffonau gartre, o ran diogelwch yn un peth, ac mae nifer o ysgolion yn gadarn ar yr hyn y caiff eu disgyblion fynd gyda nhw. Am flynyddoedd mawr doedd plant ddim yn cael ffonio adre o gwbl oni bai bod caniatâd arbennig yn cael ei roi. Fe allai plentyn fod yn hollol hapus, ond dim ond iddyn nhw glywed llais o gartre, bydde'r llifddorau'n agor. Dwi'n cofio rhyw riant yn ffonio a mynnu siarad â'i fab. Mewn sefyllfa felly, rhaid oedd cytuno wrth gwrs, ond fe awgrymais efallai nad oedd o reidrwydd yn syniad da. Daeth y mab at y ffôn, dechreuon nhw siarad a dyma'r plentyn yn llefain. Yna, aeth 'nôl at ei ffrindiau. Ymhen pum munud, ffoniodd y tad 'nôl a dweud wrtha i, 'I realise I've done something really foolish.' Rydyn ni bob amser yn cysylltu â rhieni os oes problem yn codi, ond mae'n wir dweud hefyd bod agwedd at hiraeth a'r ffordd rydyn ni'n delio â hynny wedi newid llawer yn ystod fy amser yn y gwersyll.

O ran busnes a rhedeg y gwersyll, mae gymaint yn haws a mwy effeithiol pan fydd ysgol yn cael ei neilltuo i gyd i un coridor neu floc. Bellach, does dim o'r un broblem o wahanu bechgyn a merched i goridorau gwahanol gan fod y cyfleusterau *en suite* yn golygu bod pawb yn cael cyfarwyddiadau i aros yn eu hystafelloedd a pheidio â chrwydro. Mae pob ysgol yn bugeilio'u plant eu hunain. O dan yr hen drefn o rannu'r bechgyn a'r merched, bydde nifer o ystafelloedd neu welyau gwag – hyd at 50% weithiau. Pan ddaeth Jim O'Rourke i'w swydd fel Cyfarwyddwr y Gwersyll, aeth e ati i wneud pethe'n fwy effeithiol fyth drwy sicrhau bod llefydd y plant wedi eu clustnodi cyn iddyn nhw gyrraedd. Newid bach, syml, ond un a wnaeth fywyd gymaint yn haws i bawb.

Bellach, mae cymdeithas wedi newid, a dydyn ni ddim hyd yn oed yn rhoi plant o wahanol ganghennau neu adrannau gyda'i gilydd. Mae'n bosib dadlau mai un o'r rhesymau rydych chi'n mynd i'r gwersyll neu lefydd tebyg yw er mwyn gwneud ffrindiau newydd o wahanol rannau o'r wlad neu'r sir. Mae hyn yn sail i waith llawer o ganolfannau awyr agored – mae'n ganolog i ddarpariaeth cwmni gwyliau antur i blant a phobl ifanc fel PGL, er enghraifft. Ac mae'n wir dweud bod rhwydwaith cyfoethog o berthnasau a chysylltiadau wedi eu gweu rhwng pobl ifanc yn ein gwersylloedd ni dros y blynyddoedd, a ffrindiau bore oes yn cael eu creu. Ond mae dwy ffordd o edrych ar hyn. Ar un olwg mae 'na blant sydd wedi cael profiadau ffantastig ac wedi gwneud cyfeillion wrth rannu ystafell, ond hefyd mae 'na rai sydd wedi bod yn anffodus ac wedi rhannu gyda phersonoliaethau lletchwith sydd wedi tarfu ar eu mwynhad. Er gall hyn ddigwydd, wrth gwrs, gyda phobl maen nhw'n eu hadnabod eisoes hefyd! Ond fel gyda phopeth, mae'r gwersyll wedi gorfod symud gyda'r oes. Mae'n fwy na lwc bod y gwersylloedd yn llewyrchus ac yn llwyddo. Mae'r addasu cyson sy'n cael ei wneud gan yr Urdd yn rhan allweddol o'r llwyddiant hwnnw.

Mae'r gwersyll wedi chwarae rhan bwysig yn fy mywyd nid yn unig o ran bywoliaeth, ond hefyd o ran fy mywyd personol. Dwi wedi gwneud cannoedd o ffrindiau drwy weithio yno, a chwrdd â miloedd o bobl ddiddorol, ond yn bwysicaf oll, dyma lle cwrddais i â fy narpar wraig. Mae gwersylloedd yr Urdd siŵr o fod ymhlith y *dating agencies* gorau yn y byd, ac mae nifer fawr o bobl wedi cwrdd â'u cymar yno, fel y gwnes i.

'Nôl yn y cyfnod pan nad oedd llawer o staff parhaol yn Llangrannog, ac roedden ni'n dibynnu'n helaeth ar swogs i gynnal y gwersyll haf, cyflogid staff ychwanegol – staff haf fel y'u galwyd – i gynorthwyo yn ystod y cyfnodau prysuraf, pan oedd hyd at 300 o blant yn ymweld â'r gwersyll bob wythnos. Ar ddechrau haf 1979 roedd Japheth wedi cyflogi staff yn ôl ei arfer, ac yn eu plith roedd merch ifanc o'r Hendy a gyflogwyd i edrych ar ôl y ceffylau. Un diwrnod, ychydig cyn i bethau brysuro, soniodd John wrth basio ei fod yn credu efallai ei fod wedi cyflogi gormod o staff yr haf hwnnw, ac na fyddai'n ddrwg o beth pe bai un neu ddau ohonynt yn newid eu meddwl a phenderfynu peidio dod. Bryd hynny, rhedai'r ymweliadau o ddydd Gwener i ddydd Gwener. Ar y dydd Llun cyn i'r gwersyll haf cyntaf ddechrau, canodd y ffôn, a fi ddigwyddodd ateb.

'Bore da,' meddai'r llais. 'Enfys Beynon Thomas sy 'ma – rwy fod i ddechrau gweithio gyda chi ddydd Gwener, ond yn anffodus alla i ddim â chyrraedd y gwersyll tan ddydd Sul.'

'O!' atebais, gan gofio'r sgwrs ges i a John am niferoedd staff yr haf. Croesodd fy meddwl yn sydyn bod hwn yn gyfle i gael gwared o un aelod o staff, ac atebais yn sych, 'Mae'r wythnos yn dechrau ar ddydd Gwener, a dyna pryd ry'n ni'n disgwyl i'r staff gyrraedd. Erbyn dydd Sul mae popeth yn *full swing*, a dyw cyrraedd bron hanner ffordd drwy'r wythnos yn werth dim i neb. Lan i chi. Os y'ch chi isie'r swydd, dewch dydd Gwener. Os na, anghofiwch amdani.'

I dorri stori hir yn fyr, daeth Enfys i'r gwersyll ar y dydd Gwener, ac mae'r gweddill yn hanes. Fe briodon ni ar 3 Ebrill 1982, prynu tŷ prin filltir o'r gwersyll, a dyna lle ry'n ni'n byw o hyd. Mae Enfys wedi sôn droeon pa mor gas a sych y bues i wrthi ar y ffôn y tro hwnnw. Pan roddodd y ffôn i lawr fe lefodd, ond roedd hi'n benderfynol o ddod i'r gwersyll yn brydlon – diolch byth.

Ar ôl i ni fod yn briod am bron i naw mlynedd ganwyd Guto ar ddydd Nadolig 1990 – anrheg Nadolig fendigedig i Enfys a fi. Dwi'n cofio siarad â phlant ein ffrindiau ychydig cyn Nadolig, a dweud wrthyn nhw fod Siôn Corn yn mynd i ddod â babi i ni, heb feddwl am funud mai ar y diwrnod union hwnnw y bydde Guto'n cyrraedd. Rhwng y Nadolig a'r pen-blwydd, roedd yr adeg yna o'r flwyddyn wastad yn hectic iawn, felly aethon ni i'r arfer o gynnal parti pen-blwydd Guto ar Noswyl Nadolig. Gan fod y gwersyll yn wag, dyma fanteisio ar y cyfle i gynnal y partïon yno, a chafwyd sawl dathliad cofiadwy gyda chefndryd a ffrindiau Guto ac wrth gwrs, ymweliad gan Siôn Corn oedd yn goron ar y cyfan. Y peth gorau am gael y parti yn y gwersyll oedd nad oedd annibendod yn y tŷ wedyn, oedd yn llawer llai o waith i Enfys ar drothwy'r diwrnod mawr.

Ganed Cadi ym mis Ebrill 1993 – anrheg fendigedig arall – ac erbyn hyn, er nad ydw i ar staff y gwersyll bellach, mae Guto a Cadi yn gweithio yno, felly mae'r cyswllt teuluol wedi estyn i'r genhedlaeth nesaf.

Japheth

Pan ddechreuais i ar fy swydd yn y gwersyll, dim ond pedwar arall oedd yn gweithio yno'n barhaol, sef John Japheth y pennaeth; Dai Jenkins y gofalwr, a fu wedyn yn gyfrifol am y ceffylau ac a ddaeth yn gyfarwydd i genedlaethau o blant fel Dai Ceffyle; Winnie Young y gogyddes a Tommy Spencer, oedd yn gyfrifol am gynnal a chadw. Roedd y gwersyll yn dibynnu bron yn llwyr ar wirfoddolwyr. Pan oedd staff yn dod yno gydag ysgol, a grŵp yn y pwll nofio, er enghraifft, *nhw* oedd yn gyfrifol am y plant hynny.

O ran rhedeg y gwersyll o ddydd i ddydd, roedden ni'n gorfod gwneud pob math o bethau. Dwi'n cofio Dai Jenkins a finne'n benthyg car er mwyn mynd i Aberteifi i brynu creosot er mwyn peintio ffensys y gwersyll. Roedden ni'n teithio drwy Sarnau ar y ffordd nôl.

'Steff, ma' gwynt cryf ar y creosot 'na!'

'O's, sa i wedi gwynto stwff mor gryf o'r bla'n …'

Ar ôl i ni gyrraedd 'nôl yn y gwersyll, fe welon ni pam roedd yr arogl mor ddiawledig o gryf. Roedd y stwff brown drwy'r car i gyd a charpedi'r car yn wlyb stecs o greosot. Roedden ni wedi dychryn, yn enwedig o gofio mai wedi benthyg y car oedden ni!

Roedd Tommy Spencer, y dyn cynnal a chadw, hefyd yn

wyliwr nos yn y gwersyll am flynyddoedd, ond pan fydde fe'n cael noson bant, bydde Japheth yn ein cael ni'r staff i wneud y gwaith. Roedd y profiad hwnnw'n gallu bod yn un anghyfforddus. Dwi'n cofio meddwl sawl gwaith wrth gerdded o gwmpas bod rhyw 300 o bobl yn cysgu o 'nghwmpas i, ac mai fi oedd yr unig un oedd ar ddihun. Roedd cerdded heibio i'r ail res o gabanau'r merched (a dynnwyd i lawr yng ngaeaf 1972/73) yn fy arswydo'n arbennig. Roedd hi mor dywyll a thawel yno.

Roedd John Japheth yn gymeriad unigryw. Cyn blismon oedd e. Ro'n i'n dod ymlaen yn iawn gydag e, efallai am 'mod i'n gadael llonydd iddo a ddim yn ei herio fe. Pan es i weithio yn Llangrannog, ro'n i'n mynd i swydd eithaf newydd, ac roedd Japheth wedi bod yn gweithio ar ei ben ei hun am flynyddoedd, a chael rhwydd hynt i wneud fel y mynnai.

Un o'r pethe mwyaf poblogaidd wnaeth e oedd agor y siop, oedd yn gwerthu cofroddion amrywiol o grysau-T i nwyddau Mistar Urdd. Byddai losin ar werth yno hefyd a byddai rhai plant yn prynu llond eu breichiau o bethau melys er mwyn eu bwyta cyn mynd i gysgu. Digon yw dweud nad oedd pecyn o losin yn mynd law yn llaw â chysgu'n drwm! Yn y 70au yn enwedig roedd pop Tovali'n hynod boblogaidd – dandelion and burdock, leim a raspberryade. Ond y wefr i sawl un oedd cael mynd â'r botel wag 'nôl a chael arian yn ei lle er mwyn prynu mwy o boteli pop. Y blas a werthai orau oedd y Tovali Special. Blas seidr oedd ar hwn, ac roedd ei liw yn debyg i liw pi-pi. Un tro, yfodd plentyn botelaid pop ei ffrind heb ganiatâd, a gan fod y blas yn hollol ddieithr iddo, dialodd ei ffrind arno drwy ddweud wrtho edrych ar liw'r pop, gan awgrymu mai pi-pi roedd wedi ei yfed. Yn naturiol, bu cryn dipyn o bwldagu a sgrechen, fel y gallwch ddychmygu.

Agorwyd y siop cyn fy amser i, ond dwi'n cofio llawer o ffws mewn papurau fel y *Western Mail*, a pherchnogion busnesau lleol yn cwyno ac yn poeni y bydde hyn yn effeithio ar eu masnach nhw. Ond roedd y niferoedd yn y gwersyll yn tyfu, a phetai 300 o blant yn glanio yn y pentref gyda'i gilydd, fydden nhw ddim wedi gallu ymdopi. Ac roedd cadw llygad ar heidiau o blant mewn un siop yn mynd i fod yn her. Ond mae grwpiau bach yn dal i fynd lawr i'r pentref yn gyson hyd y dydd heddiw, a mater i'r busnesau yn Llangrannog yw eu denu nhw. Os byddai criw mawr yn mynd lawr ar noson braf, byddwn i'n ffonio ambell gaffi i'w rhybuddio bod nifer fawr ar eu ffordd am saith o'r gloch, dyweder, fel bod modd iddyn nhw gael digon o staff i ddelio â'r criw. Bydden nhw'n cerdded lawr a bydden ni'n trefnu bod bws mini'n mynd lawr i'w casglu nhw, oni bai eu bod yn dymuno cerdded. Bydden nhw'n bendant wedi bod yn 'siopa' yn y pentref. Grêt.

Pan ddes i o fy swydd yn Sir Benfro i'r gwersyll, roedd y cofnodion ysgrifenedig yn brin. Dim ond ers chwe mis roedd cofnodion wedi eu cadw o gwbl gan Japheth, a doedd dim record o faint o blant oedd wedi bod yn aros yn y gwersyll nac o ble roedden nhw'n dod! Roedd ganddo lond ffeil o gysylltiadau – cyflenwyr bwyd ac ati – oedd yn hynod dila o'i chymharu â'r rhestr hir o gysylltiadau sydd gan y gwersyll erbyn hyn. Ond oes felly oedd hi – roedd nifer y cyflenwyr yn fach ac, at ei gilydd, yn lleol.

Roedd cŵn gan John. Dwi'n cofio rhyw noson pan roedd e wedi bod yn rhoi stŵr i'r plant am rywbeth neu'i gilydd i lawr yn yr hen neuadd, mae'n debyg. Roedd llwyfan yno, ac roedd John yn sefyll arno a'r plant yn hollol dawel, yn eithaf penisel ac yn barod i adrodd Gweddi'r Arglwydd. Yna, pit-pat, pit-pat, dyma'r sbaniel bach 'ma'n cerdded i mewn yn gysurus reit, dringo'r grisiau ac eistedd ar y llwyfan. Chwalodd y distawrwydd, ac roedd pawb yn chwerthin yn ddilywodraeth.

Gadawodd John Japheth y gwersyll ym mis Medi 1981 a mynd i weithio fel Swyddog Iaith yr Urdd yn Aberystwyth, ond roedd e'n dal yn bennaeth ar Langrannog. Dwi ddim yn credu ei fod e'n hapus, yn bennaf am ei fod e'n gweld eisiau cwmni ac afiaith pobl ifanc. Daeth ei gyfnod fel pennaeth y gwersyll i ben dros y Pasg yn 1982 ac aeth ymlaen wedyn i ddarlithio yng Ngholeg y Drindod. Er bod y gwersyll wedi bod yn rhan annatod o fywyd John, gallaf gyfrif ar un llaw sawl gwaith y galwodd e yno ar ôl gadael yr Urdd. Ond efallai mai dyna'i ffordd e o ymdopi â'r peth. Aeth John i Aberystwyth yn 1982 a gadael y Gwersyll yn llwyr yn 1983.

Gwelyau a chyfleusterau cysgu

PAN ADEWAIS I LANGRANNOG, ro'n i'n wir yn gwerthfawrogi'r holl ddatblygiadau a fu yn y gwersyll o ran cyfleusterau. Er bod y pwysau ariannol a'r ystyriaethau diogelwch gymaint yn fwy erbyn hyn, mae'r cyfleusterau cysgu, er enghraifft, gymaint, gymaint yn well ac mae'r gwersyll ar ei ennill. Mae hyn yn golygu bod y gwaith corfforol yn llai o her ac o straen yn un peth. 'Nôl yn yr 80au, fydde fe'n ddim byd i ni ar benwythnos orfod tynnu a chodi ugain o welyau bync ar brynhawn dydd Gwener – ym mloc Penhelyg fel arfer – a'u tynnu i lawr fore Llun am fod y grŵp nesaf eisiau defnyddio'r ystafelloedd i ddysgu ynddynt. Y gwir oedd bod yr ystafelloedd wedi eu cynllunio fel ystafelloedd dysgu, ond pan fydde'r gwersyll yn llawn roedd angen addasu pethe. Yn y cyfnod hwnnw, efallai fydde 150 o blant yn aros yn ystod yr wythnos ac yn cael rhai gwersi, ond wedyn bydde 250 yn y gwersyll ar y penwythnos. Doedd rhai o'n cwsmeriaid ddim yn hapus bod plant yn lletya ym Mhenhelyg ar bwys bloc Tregaron. Doedden nhw ddim eisiau iddyn nhw fod ar wahân i'r lleill er bod gwylwyr nos ar ddyletswydd, a buan yr aeth yr Urdd ati i godi bloc cysgu newydd.

Mae bron i 500 o welyau yng Ngwersyll yr Urdd Llangrannog nawr, a does dim rhaid poeni a fydd lle i bawb. Ac mae digon o flociau hefyd i leoli grwpiau gwahanol ar wahân, sy'n fantais anferthol o ran diogelwch, trefn a disgyblaeth. Mae'r straen o sicrhau lleoedd cysgu addas wedi mynd, i bob pwrpas. O'r blaen, petai ffenest yn cael ei thorri ar benwythnos (ac os oedd 300 o blant i mewn, roeddech chi bron yn sicr bydde hynny'n digwydd), yna bydde'r ffenest honno yn cael ei 'bordo lan' a'r plant yn dal yn aros yn yr un ystafell. Bellach, mae'n gymharol hawdd dod o hyd i ystafell wahanol i'r plant. Hefyd, wrth gwrs, mae'r gwydr dwbwl yn gryfach.

Erbyn hyn, hyd yn oed os ydy'r plant wedi cael gwlychad go iawn mas ar y llethr sgio neu ar y cwads, mae 'na ystafell glyd yn eu disgwyl a chawod *en suite*. Dim ond iddyn nhw gau'r ffenest dyw'r tywydd gwael, y gwynt a'r glaw yn golygu dim. Slawer dydd, pan fyddech chi'n cau'r llenni, roedden nhw'n dal i symud pan fydde hi'n wyntog tu fas. Dwi'n cofio, pan aethon ni'n sownd yn yr eira ym mis Ionawr 1982, aeth un o'r swogs o gwmpas pob ffenest gan stwffio darnau o bapur yn y fframiau i arbed rhywfaint ar wres, gan nad oedd y gwres canolog yn gweithio heb drydan. Gwnaeth y papur ei waith yn dda, ond anghofiwyd amdano tan yr haf. Wrth i ni agor y ffenestri er mwyn cael awyr iach i'r stafelloedd, fe gofiwyd am y gwaith wrth i gawdodydd o gonffeti syrthio ar ben pwy bynnag oedd yn agor y ffenest.

Pan aeth Delwyn Sion a finne i Langrannog fel swogs am y tro cyntaf yn 1971 roedd pethe'n wahanol iawn o ran cyfleusterau. Doedd y gegin bresennol ddim wedi ei hadeiladu. Yn 1973 y daeth honno, pan o'n i'n un o staff haf y gwersyll. Mewn ffordd, mae fy oes i yn y gwersyll yn cydredeg ag oes y gegin. Adeiladwyd hi yn ystod fy mlynyddoedd cynharaf, ac mae sôn am adeiladu un newydd eto nawr – symud ymlaen tua'r un adeg ag wyf innau wedi symud ymlaen.

Yn y cyfnod cyntaf hwnnw, roedd y bechgyn yn cysgu ar waelod y cae mewn pebyll ac roedd ganddynt eu toiledau eu hunain lawr yno. Defnyddiwyd y pebyll hyn i letya rhai bechgyn yn ystod yr haf hyd at 1978. Roedd cabanau pren ar gyfer y merched – pob caban bach â'i ddrws ei hun yn wynebu'r awyr agored, nid ystafelloedd oddi ar goridor. Mae lluniau ohonynt o'r 1930au ar wal y ffreutur, yn gofnod i'r gwersyllwyr presennol. Roedd bloc toiledau ar eu cyfer wrth ymyl.

Doedd dim cawodydd ar gyfer y plant, er bod un bath yno at ddefnydd y swogs. Ond roedd y drws i hwnnw'n cael ei gloi a'r allwedd yn cael ei chadw gan y nyrs. Os oeddech chi'n aros yno am bythefnos, efallai y caech chi ganiatâd i'w ddefnyddio unwaith, ond os nad oedd y nyrs yn eich hoffi neu os oeddech wedi ei phechu mewn rhyw ffordd, wel, doedd dim gobaith! Roedd cael bath yn fraint! Ond wrth gwrs roedd y plant yn mynd i'r dŵr yn aml. Byddent yn mynd lawr i'r traeth bob dydd bryd hynny ac roedd sincs yno ar gyfer ymolchi – er nad oedd dal a fydde dŵr twym ar gael.

Yn yr ardal hon hefyd roedd y capel a hen neuadd bren Tregaron, lle roedd y siop a'r tennis bwrdd. Roedd yno ystafell gymdeithasol i'r swogs, a hen gampfa. Roedd y gegin yn sownd wrth y caban bwyta, ac yn sownd wrth hwnnw roedd yr ysbyty a'r caban sychu. Wedyn roedd gennych y Ritz, fel roedd yn cael ei galw. Hwn oedd yr adeilad lle roedd y swogs 'pwysig' yn cysgu – y rhai oedd yn dod yn rheolaidd. Yno roedd y swyddfa hefyd. Ond roedd y rhan fwyaf o'r swogs yn cysgu yn yr un ardal â'r plant.

Pan dynnwyd y ddwy hen res o gabanau pren y merched i lawr, adeiladwyd neuadd ar y safle hwnnw, ac mae hi yno o hyd, sef y rhan honno sydd wedi ei gwneud o bren lle mae plant yn ymgynnull i fynd i mewn i'r ffreutur amser bwyd.

Mae hanes ynghlwm wrth enwau'r adeiladau gwahanol a'r blociau cysgu – pob un â'i stori. Cawsai dau goridor pren eu defnyddio fel ystafelloedd cysgu tan ddechrau'r ganrif hon (wyth ystafell yn cysgu wyth person). Enwyd Bryneithin ar ôl cartref Syr Ifan ab Owen Edwards yn Aberystwyth. Dyma un o'r ychydig adeiladau pren sydd ar ôl nawr, ac mae'n gartre i swyddfeydd y gwersyll bellach. Enwyd y coridor pren arall yn Gelli am ei fod ar gae'r gwersyll, ychydig yn is na Bryneithin. Yn 1978 adeiladwyd bloc Enlli o goncrit – arwydd o newid polisi gan yr Urdd i sicrhau adeiladau mwy parhaol eu natur. Dyma lle roedd y siop a lle roedd staff, athrawon a swogs yn aros. Enwyd hwn yn Enlli am fod modd gweld goleudy Ynys Enlli'n fflachio dros y môr yn y pellter ar noson glir. Codwyd y coridor nesaf, sef Hendre, dair blynedd yn ddiweddarach yn 1981. A phan ddaeth bloc newydd yn 1995 – yr un â'r ystafell haul yn y canol rhwng y ddwy aden – enwyd yr adeilad yn Hafod, gan fod Hendre yn y gwersyll eisoes a'r adeilad newydd hwn yn uwch i fyny'r cae.

Enwyd bloc Penhelyg ar ôl un o wersylloedd cynnar yr Urdd yn ardal Porthmadog. Bellach dyma lle mae swyddfa mudiad yr Urdd. Pan benderfynodd yr Urdd gau'r swyddfa yn Aberystwyth, daeth y busnes hwnnw i lawr i Langrannog ac aeth Swyddfa'r Eisteddfod i Lan-llyn. Roedd e'n benderfyniad rhesymegol gan fod lle yn y gwersyll iddi, ac roedd yn arbed llawer o arian i'r mudiad. Wedi'r cyfan, roedd swyddfa'r Prif

Weithredwr yng Nghaerdydd ac nid yn Aberystwyth bellach. Hefyd, bydde hynny'n golygu na fydde'r mudiad ddim am symud yn gyfan gwbl i'r brifddinas.

Moderneiddiwyd yr adeiladau eto rhwng 2002 a 2004 a daeth Cilborth i fodolaeth. Enwyd y bloc hwn o 35 o ystafelloedd cysgu ar ôl y traeth bach gerllaw. Adeiladwyd e i ddisodli'r ddau hen floc pren a adeiladwyd yn 1973 ac a oedd yn dod i ddiwedd eu hoes. Yna yn 2013 dymchwelwyd adeilad yr Hendre a godwyd yn 1981 ac adeiladwyd bloc cysgu modern arall, sef Adeilad Eleanor. Derbyniodd yr Urdd swm sylweddol o arian mewn ewyllys, a chytunodd y teulu â'r syniad o adeiladu bloc cysgu newydd sbon a fydde'n dwyn enw'r rhoddwr. Mae plac ar wal yr adeilad yn cydnabod y rhodd hael.

Prin ddeuddeg mlynedd sydd wedi mynd heibio ers i blant stopio cysgu yn yr hen goridorau pren. Tybed a fydde plant ac oedolion heddiw yn barod i dreulio nosweithiau yno? Beth fydde ymateb rhieni erbyn hyn? Nawr mae'r ystafelloedd yn fodern ac *en suite* ym mhob un. Mae yno wydr dwbwl o safon. Pob clod i'r Urdd (ac fe ddywedais i hyn yn bersonol wrth y Bwrdd Busnes), maen nhw wedi ymateb i ofynion yr oes ac wedi buddsoddi'n sylweddol, yn wahanol i ambell wersyll sydd yng ngofal perchnogion eraill. Mae *angen* buddsoddiad enfawr mewn llefydd fel hyn, ond yn yr hinsawdd economaidd sydd ohoni, does dim dal y bydd yn digwydd, achos ddaw 'na ddim elw yn ôl iddynt o reidrwydd. Mae'r Urdd, gyda chymorth grantiau, wedi gwario rhyw £10 miliwn yn Llangrannog. Dydyn nhw ddim wedi gallu gwneud hynny mewn cyfnod byr – mae e wedi digwydd yn araf bach dros 25 mlynedd a mwy, fel bod modd gwasanaethu'r gwariant hwnnw.

Un o'r rhesymau pam roedd y gwersyll yn cael grantiau oedd er mwyn gwella'r ddarpariaeth, dod yn fwy prysur a gwella'r economi leol. O ddatblygu, bydde angen mwy o staff, a bydde'r rheiny'n gwario mwy o'u cyflogau yn yr ardal. Bydde mwy o blant yn aros yno, a bydden nhw hefyd yn gwario yn y pentref. Pan fydd pobl yn dod i'r gwersyll ar wyliau teulu neu fel cymdeithas, gan nad oes bar yn y gwersyll (a dim bwriad i gael un chwaith) bydde bysys mini yn rhedeg pobl lawr i Langrannog. Yn ystod y penwythnos teulu adeg Nadolig a'r Calan pan oedd hynny yn ei anterth, roedd hi'n draddodiad i'r dynion fynd lawr yn un criw un noson, a'r menywod fynd gyda'i gilydd y noson ganlynol. Bydde digon ar ôl i ofalu am eu plant gyda'r drefn hon. Nid yw hynny mor wir nawr. Mae traddodiadau'n newid drwy'r amser.

Mae mwy o newidiadau ar droed. Mae pawb wedi cytuno mai un o'r camau nesaf fydd gwneud rhywbeth am y gegin. Ydy, mae'r ffreutur ei hun, lle mae pobl yn bwyta, wedi ei ymestyn, ond mae'r ardal goginio'n dal yn rhan o'r hen adeiladau pren a godwyd yn 1973. Mae'r gegin yr un faint nawr, yn gwasanaethu 20,000 o ymwelwyr y flwyddyn, ag yr oedd pan oedd yn gwasanaethu 7,000 o ymwelwyr!

Mae angen Neuadd Fwyta newydd bellach, er mai cymharol newydd yw'r un bresennol. Ar benwythnos pan fydd 360 o blant yn y gwersyll, rhyw 40 o athrawon a chynorthwywyr a hyd at 50 o staff y gwersyll, mae'n gallu bod yn dynn iawn. Dim ond hyn a hyn o amser sydd gennych i'w bwydo amser cinio dydd Sadwrn, dyweder. Mewn neuadd fwyta fach, mae'n anodd. Ond pan fydd grwpiau'n dod o ysgolion gwahanol, mae'n fwy cymhleth fyth. Gallai fod chwe grŵp gwahanol yn y gwersyll, ond maen nhw'n bwyta drwy'r trwch. Petai mwy o le ar gael, bydde hi'n bosib neilltuo parthau gwahanol i'r grwpiau hyn.

Ond mae'n rhyfeddol mor drefnus mae pethe'n gallu bod. Dyna'r system glychau. Mor syml, ac eto mor effeithiol. Dau ganiad byr i'r naill grŵp yn eu galw i ymgynnull. Tri chaniad byr i grŵp arall. Caniad hir i frecwast neu swper. A phawb yn tiwnio i mewn i'r negeseuon sy'n berthnasol iddyn nhw. Mae plant yn hoffi'r drefn. Bu system uchelseinydd yn y Gwersyll ar un cyfnod, ond cafodd ei gorddefnyddio, ac yn y diwedd doedd neb yn gwrando ar y negeseuon!

Hyd at agor y gwersyll ar hyd y flwyddyn yn 1973, roedd glendid yr ystafelloedd ar ddiwedd yr wythnos yn dibynnu pa mor drylwyr roedd plant yr wythnos a aeth heibio'n glanhau eu hystafelloedd. Doedd dim tîm mawr o lanhawyr. Roedd y ffaith bod plant yn cael pwyntiau i'w tai bob dydd am yr ystafell daclusaf yn eu coridor neu floc yn dacteg ddefnyddiol, angenrheidiol bron, er mwyn sicrhau trefn ac ystafelloedd glân! Bydde siart fawr ar wal y neuadd ymgynnull yn dangos hyn. Tan ddechrau'r 70au, y cyfan fydde'r gwersyllwyr yn ei gael mewn gwirionedd oedd hen wely bync metel, hen fatres a dwy flanced – un i'w rhoi ar y matres ei hun ac un rhag ofn bydde hi'n oer. Bydden nhw'n cael gobennydd, ac yn dod â'u sachau cysgu a'u gorchudd gobennydd eu hunain. Anaml fydde John Japheth yn cael achos i siarad Saesneg – dim ond â gwersyllwyr di-Gymraeg, ac wrth gwrs bydde'n rhaid rhoi cyfarwyddiadau yn Saesneg ar faterion megis diogelwch a rheolau. Cofiaf yn iawn iddo ddweud wrth y gwersyllwyr un tro, 'When you leave tomorrow, I want you all to bend your blankets.'

Ar waelod y cae roedd pebyll y bechgyn, wrth gwrs, a phenderfynodd Japheth un flwyddyn y bydde fe'n gosod y pebyll yn bellach i lawr y cae. Roedd rhyw synnwyr y tu ôl i hyn – roedd yn atal melltith, ac yn atal y bechgyn a'r merched rhag tynnu ar ei gilydd. Ond pharodd e ddim yn hir. Yn un peth, pan fydde'r gloch yn canu (cloch llaw bryd hynny), bydde hi'n cymryd oesoedd i'r bechgyn fynd lawr i nôl eu pethe o'u pebyll – dillad nofio, dyweder. Roedd yn flinedig a thrafferthus iawn iddyn nhw, ac roedd amser yn cael ei golli. Yn yr un modd, os oedden nhw lawr yn eu pebyll pan oedd y gloch yn canu, doedden nhw ddim yn clywed. Fel sy'n digwydd mor aml mewn bywyd, roedd ateb un broblem yn creu problemau eraill.

Mewn gwirionedd, 'nôl yn y 70au a'r 80au cafodd yr holl newidiadau adeiladu eu gwneud yn dameidiog – ac yn rhad hefyd. Dyw hynny'n bendant ddim yn wir am y datblygiadau yn ystod y pymtheg mlynedd diwethaf. Bellach, mae pethe'n cael eu hadeiladu â golwg at y dyfodol.

Mae gwersi wedi eu dysgu dros y blynyddoedd. Roedd Glan-llyn wedi gosod rhai ystafelloedd a oedd yn rhannol *en suite* (sinc a chyfleusterau ymolchi, ond dim toiledau), ac roedd hyn yn gam mawr ymlaen, ond y cyngor a gawson ni ganddyn nhw pan ddaeth ein tro ni i gymryd camau tebyg oedd cael cyfleusterau *en suite* llawn i bob ystafell.

Cam datblygiadol arall o ran yr adeiladu oedd mynd o adeiladau pren i rai brics a mortar, ond â phren y tu fewn. Bellach, mae'r adeiladau'n frics a mortar drwyddi draw, a dyna'r cyngor roeson ninnau i Lan-llyn pan oedden *nhw'n* datblygu. Doedd pren ar y tu fewn ddim yn ymarferol. Roedd

59

ambell benelin yn mynd drwy bared, ac roedd hi'n anodd dileu ysgrifen neu gerfiadau ar y wal. Roedden ni'n dysgu o'n camgymeriadau o hyd, ac yn addasu.

Roedd gen i gynllun ar wal fy swyddfa pan adewais i – cynllun o'r datblygiadau a'r newidiadau oedd wedi eu gwneud yn y gwersyll a'r ychydig rai oedd ar ôl i'w gwneud. Roedd y newidiadau yn y cyfleusterau yn ystod fy nghyfnod yn drawiadol, a'r buddsoddiad yn sylweddol. Ond mae newid ac arloesi wedi bod yn rhan o hanes yr Urdd a Llangrannog erioed. Buodd Syr Ifan yn trefnu mordeithiau 'nôl yn y 30au – dyn o flaen ei amser. Ac mae map ar gael hefyd sy'n dyddio'n ôl i 1939 a 'proposed plunge pool' wedi'i nodi arno. Roedd Syr Ifan wedi sylwi bod cwm neu bant bach ar y llwybr wrth fynd dros y bryn am y traeth, a nant fach yno. Y bwriad oedd adeiladu argae ar draws y nant a chreu pwll nofio. Yn sicr, roedd Syr Ifan yn llawn syniadau, ac yn ôl pob sôn roedd gan R. E. Gruffydd, Cyfarwyddwr yr Urdd am flynyddoedd mawr, y ddawn o wybod pa rai fydde'n gweithio, gan weithredu fel rhyw fath o ffilter i syniadau Syr Ifan!

Mae Prys Edwards, ei fab, yn doriad o'r un brethyn – yn llawn syniadau. Mae ambell un ohonyn nhw'n anymarferol, ond mae eraill yn dangos gweledigaeth ac yn mynd i weithio. Mae'n rhaid cael pobl fel hyn ynghlwm wrth y gwersyll, a'u syniadau a'u gweledigaeth yn sbarduno pawb sy'n gweithio yno i feddwl am yr hyn sydd orau ar gyfer y staff a'r ymwelwyr fel ei gilydd.

Y gegin

R OEDD WINNIE YOUNG, y gogyddes, yn gymeriad arbennig iawn. Rhoddodd wasanaeth diflino i'r gwersyll, ymhell y tu hwnt i'r hyn oedd yn ddisgwyliedig ganddi. Dwi'n ei chofio hi'n dod draw i'r gwersyll am ddau o'r gloch y bore yng nghanol storm un tro, er enghraifft, er mwyn bwydo'r bois oedd mas ar ddyletswydd yn gofalu am y pebyll.

Roedd hi'n byw yn y pentref, ac yng nghyntedd ei chartref roedd hi'n cadw het plismon, 'er mwyn i bobl sy'n edrych drwy'r ffenest neu'n meddwl torri mewn gredu bod plismon yn byw 'ma.'

Soniais eisoes am gi bach Japheth – wel, roedd gan Winnie gi hefyd, a bydde hi'n dod â'r boxer gyda hi i'r gwersyll bob dydd. Wrth gwrs, erbyn y diwedd, oherwydd rheolau hylendid bwyd, fydde'r ci ddim yn cael mynd i mewn i'r gegin ac felly bydde fe'n eistedd yng nghar Winnie tu allan. Bydde Winnie'n dod i'r gwaith ac yn parcio'r Ford Escort bach brown tywyll o flaen y gegin, lle roedd hi'n gallu cadw llygad arno drwy'r ffenest. Pan fydde Winnie'n cael egwyl, bydde hi'n mynd ag e allan am dro. Roedd e'n hen gi digon ffein, ond ei fod e'n wyllt iawn. Daeth hi'n amser mynd adre ryw noson, ac roedd y ci yn bôrd ac wedi cnoi'r dashbord i gyd, gan wneud diawl o annibendod yn y car. Dyma Winnie'n dod mewn bore trannoeth, a dweud,

''Na fe, rwy wedi sorto fe mas. Fe ddysga i wers i'r diawl. Fydd e ddim yn cnoi tu fewn y car 'to!'

'Wel beth y'ch chi 'di neud te Winnie?'

'Rwy wedi plastro mwstard dros y dashbord i gyd!'

Dyna beth oedd halen y ddaear. Fe gafodd hi'r BEM (y British Empire Medal) am ei gwasanaeth ac roedd hi'n eithriadol o falch o'r anrhydedd. Mwynhaodd y noson pan ddaeth Arglwydd-Raglaw Dyfed i'r gwersyll i gyflwyno'r fedal iddi o flaen teulu, ffrindiau a staff. Roedd hi'n fenyw browd iawn y noson honno.

Roedd y dyddiau pan fydde'r swogs a'r athrawon yn gweini bwyd a golchi llestri ac yn y blaen yn dod i ben. Roedd yr Urdd wedi rhagweld hyn, ac wedi ymateb drwy benodi mwy o staff. Unwaith eto, dyma reswm pam mae'r Urdd wedi goresgyn problemau a chadw i fynd – drwy symud gyda'r oes. Roedd y glanweithdra yn y neuadd fwyta'n dibynnu ar frwdfrydedd a thrylwyredd y sgwad o blant a'r swogs neu'r athrawon oedd yn eu harwain. Roedd y swogs yn cael eu rhoi ar ddyletswyddau penodol. Pan es i fel swog y tro cyntaf, er enghraifft, fe gyrhaeddais i ar y nos Wener, ac yna ar y bore Sadwrn bues i ddim yn agos at y plant na'r gweithgareddau. Bues i ar sgwad brecwast, wedyn sgwad glanhau toiledau, wedyn sgwad gwneud coffi i'r swogs, ac yn dilyn hynny sgwad amser cinio. Yr unig blant ro'n i wedi ymwneud â nhw'r bore hwnnw oedd aelodau'r sgwad bwyd. Roedden nhw'n ein helpu i roi dŵr ar y fordydd a rhoi platiau mas. Bydden nhw'n helpu sychu'r llestri hefyd, er mai'r swogs oedd â'r prif gyfrifoldebau fan 'ny rhag ofn i'r plant losgi. Roedden ni fel sgwad wedyn yn gorfod gwneud yn siŵr bod y neuadd fwyta'n lân. Os oedd sgwad da gyda chi, roedd y lle'n lân, ond os oedd y sgwad yn un gwael …

Roedd Winnie'n rhedeg y gegin, wrth gwrs, a bydde cwpl o fenywod lleol yn dod i mewn yn rhan amser i helpu dros yr awr ginio yn ôl y galw pan fydde'r gwersyll yn brysur. Slawer dydd, fel dwi wedi sôn eisoes, bydden ni'n cyflogi staff haf hefyd. Roedd rhai yn bobl leol, ac eraill yn bobl ifanc o bob rhan o Gymru.

Mae nifer o staff y gegin wedi bod yno am flynyddoedd – pobl fel Janet Savinelli o Bontgarreg, sydd wedi bod yn y gegin ers yr 80au. Mae hi wedi ymddeol unwaith yn barod, ond mae'n dal i ddod yn ôl i weithio. Mae ganddi gof anhygoel, ac mae'n cofio pethe bach pwysig sy'n gwneud y profiad o fod yn y gwersyll yn arbennig i'r cleientiaid. Bydd yn gweld rhywun flwyddyn ar ôl eu hymweliad diwethaf ac yn dweud rhywbeth fel, 'Mr Jones, pan o'ch chi 'ma tro dwetha, o'ch chi'n paratoi i fynd i Hawaii am dair wythnos. Shwt a'th hi?' Neu bydde hi'n holi am eich plant, ac yn cofio manylion bach amdanynt. 'Shwt a'th y parti deunaw?' neu 'Shwt mae'n mynd gyda'r ferch yn y coleg ym Mangor?' Roedd hi hefyd yn cofio am anghenion deietegol pobl. Pan fydde hi'n clywed bod rhyw ysgol benodol ar fin dod i aros, bydde hi'n dweud, 'O ie, mae un o'r athrawon yn *coeliac*,' neu 'Mae dau fegan gyda nhw,' neu 'Roedd plentyn ag alergedd i bysgod gyda nhw llynedd'. Mae'r adnabyddiaeth arbennig sydd gan Janet a gweddill y staff yn sicr yn elfen werthfawr o brofiad Llangrannog.

Gweithgareddau

U N PETH MAWR yn y cyfnod pan ddechreuais i yn y gwersyll, ac am flynyddoedd wedyn, oedd 'Cerdded i'r traeth' a 'Mynd i'r môr'. Tan yn lled ddiweddar, roedd gweld neidr hir o blant a swogs yn cerdded ar draws y bryn uwchben y pentref ac i lawr i'r traeth yn olygfa gyfarwydd. Golygfa gyfarwydd arall bryd hynny fydde cadwyn hanner cylch o swogs yn creu ffin ddiogel i'r gwersyllwyr yn y dŵr. Byddech chi'n siŵr hefyd o weld rhyw swog nad oedd wedi gwisgo dillad nofio yn cael ei thaflu i'r dŵr gan y swogs eraill, a'r plant yn gweiddi chwerthin ar hyn. Roedd y cerdded 'nôl ac ymlaen yn cymryd sbel – dod dros y top fel arfer a lawr y grisiau serth i'r traeth bach – ond weithiau bydden nhw'n mynd ar hyd yr heol. Bydde'r amser a gymerid i gyrraedd y traeth a setlo a newid dillad yn golygu mai rhyw ddeg munud neu chwarter awr yn unig fydden nhw'n ei dreulio yn y dŵr.

Ac os nad oedd rhywun eisiau mynd i nofio yn y môr am ba reswm bynnag, beth oedd gan y prynhawniau i'w gynnig? Bydde plentyn yn dweud, 'Sai moyn mynd mewn,' a bydden ni'n parchu hynny. Ond dyna dorri allan ddarn mawr o'u gwyliau. Dyna *oedd* gwyliau Llangrannog i bob pwrpas bryd hynny.

Erbyn hyn dyw'r plant ddim yn mynd i mewn i'r môr, nid

yn gymaint am resymau diogelwch ond am fod cymaint mwy i'w wneud yn y gwersyll ei hun. Y dyddiau hyn hefyd gallech chi gael pobl yn cwyno ein bod wedi cerdded eu plant nhw ryw ddwy filltir i lawr i'r pentre mewn haul tanbaid neu mewn glaw. Roedd mynd i'r môr yn gofyn llawer gan yr athrawon a'r swogs. Roedd hi'n braf ond yn oer iawn un diwrnod, er enghraifft, a phenderfynwyd mynd i'r traeth, ond fe ddywedodd y swogs nad oedden nhw'n mynd i'r dŵr ar ddiwrnod mor oer ar unrhyw gyfrif! Felly roedd rhaid gwneud y penderfyniad wedyn na fydde *neb* yn mynd i nofio. Allen ni ddim cymryd risg a gadael plant fynd i'r dŵr a dim ond un neu ddau swog yn cadw golwg arnyn nhw.

Wrth gwrs bu'r môr yn ganolog i fywyd y gwersyll o'r dechrau. Roedd un gŵr a ymwelodd â'r gwersyll yn ddiweddar ac a fu'n aros yno ganol y 1930au yn dweud eu bod yn mynd i lawr bob dydd – i Gilborth, fel arfer. Bydden nhw'n mynd, y merched a'r bechgyn yn eu siwtiau nofio undarn, a fawr neb yn gallu nofio. Wedyn, bydde caniau olew gwag yn cael eu strapio at eu cefnau er mwyn iddyn nhw arnofio ar y dŵr. Cyntefig iawn yn ein golwg ni heddiw!

Mae grwpiau'n dal i gerdded i'r pentref pan fo'r tywydd yn addas. Ond pan ddechreuais i roedd 'Cerdded i'r traeth' yn cael ei enwi'n benodol ar yr amserlen fel gweithgaredd, a byddech chi'n mynd doed a ddelo – oni bai ei bod yn arllwys y glaw. Doedd dim llawer o bethau eraill yn bosib.

Rhwng te a swper bydde cystadlaethau chwaraeon rhwng y tai a sesiwn gemau tîm ar y cae, a'r swogs yn goruchwylio. O edrych yn ôl, mae rhywun yn sylweddoli nad oedd yn weithgaredd cynhwysol iawn. Os nad oeddech chi'n *sporty*, byddech chi'n eistedd am ddwy awr yn gwneud dim byd. Weithiau bydde dros hanner y plant yn gwylio'r gemau yn hytrach na chymryd rhan. Petai 30 o fechgyn mewn un tŷ, dyweder (bryd hynny roedd y bechgyn a'r merched yn chwarae gemau gwahanol), dim ond 11 fydde'n chwarae ar unrhyw adeg, felly bydde bron i ugain ohonynt yn segur.

Mewn lluniau o'r 70au a'r 80au, nad ydyn nhw mor hen â hynny mewn gwirionedd, rydych chi'n gallu gweld swogs yn torheulo ac ymlacio a phlant yn eistedd yn mwynhau yn yr haul. Erbyn heddiw mae amserlen y plant yn llawn dop. Pan ddechreuais i, yn wir, roedd llawer mwy o gyfnodau'n gwneud dim byd ond eistedd o gwmpas. A dyma pryd mae hiraeth yn gallu taro a damweiniau'n digwydd. Erbyn hyn mae llawer mwy o blant yn mynd drwy'r gwersyll, ond mae llai o ddamweiniau a llai o salwch. Ai am ein bod yn eu cadw'n fwy prysur? Ynteu am fod gennym staff wedi eu hyfforddi bellach yn gofalu am y gweithgareddau, efallai?

Bydde rhai gweithgareddau'n digwydd ar hap. Dwi'n cofio Jim O'Rourke, pan oedd e'n bennaeth, yn gofyn i'r swogs ar ddechrau'r wythnos a oedd ganddyn nhw unrhyw ddiddordeb neu sgil. 'Rwy'n hoffi Celf,' bydde rhywun yn ei ddweud, a dyna roi 'gwneud *collage*' ar yr amserlen. 'Mae gen i wregys du mewn tae kwan do,' bydde rhywun arall yn ei ddweud. A dyna ni, bydde tae kwan do yn un o'r gweithgareddau. Wrth i fwy a mwy o weithgareddau ddod yn rhan o'r ddarpariaeth, a ninnau'n adnabod yr oedolion oedd yn dod gyda'r plant, bydden ni'n ceisio meddwl pwy fydde'n addas i fod yn gyfrifol am y gweithgaredd hwnnw. Torri'r brethyn yn ôl pwy oedd digwydd bod yn aros gyda ni ar y pryd.

Gweithgaredd arall am flynyddoedd oedd seiclo – mynd ar y beiciau ar daith ar yr hewl wledig. Bydde Dai Jenkins yn sicrhau bod popeth yn gweithio yn y bore, ond erbyn y prynhawn, ar ôl i un neu ddau grŵp fod allan arnyn nhw, bydde cwynion yn dod nad oedd rhai o'r beiciau'n 'gweithio'. Roedd cynnal a chadw effeithlon yn sialens ac yn frwydr barhaus.

Wrth i'r gwersyll dyfu a nifer y gweithgareddau'n ehangu, roedd rhaid i'r staff rheoli gynorthwyo gyda'r gweithgareddau yn ogystal â'r staff oedd yn gwneud hynny yn eu gwaith o ddydd i ddydd. Am flynyddoedd bu Dai yn gwneud hyn ar ei ben ei hun. Roedd rhaid bod yn *hands on* a chynorthwyo lle bynnag roedd angen. Ar gyfnodau prysur iawn cyflogid staff achlysurol i gynorthwyo ond roedd penodi mwy o staff yn debyg i sefyllfa'r 'iâr a'r wy' – oedden ni'n mynd i benodi mwy o staff cyn i niferoedd godi ynteu aros i'r niferoedd godi cyn penodi mwy o staff? Yn ystod y cyfnod hwn – dechrau i ganol yr 80au – roedd rhaid gwneud tipyn o bob peth, a gan fod gyda fi ddiddordeb mewn ceffylau, ac yn gallu eu trin a'u gwisgo/taco, bydden i'n cyflenwi pan oedd Dai ar ei wyliau neu â diwrnod rhydd ar ôl gweithio penwythnos. Des i adnabod y ceffylau oedd yn y gwersyll bryd hynny yn dda – Rhys, Siôn, Brân, Dwynwen, Cardi, Teifi – i enwi rhai yn unig. Roedd gan bob un ohonynt ei gymeriad ei hun. Des i'n dipyn o ffrindiau â nhw, ac roedd bob amser yn ddiwrnod trist a diflas yn y gwersyll pan fydde'n rhaid dweud ffarwél wrth un ohonynt, rhywbeth oedd yn digwydd wrth iddyn nhw fynd yn hŷn, wrth gwrs.

Cafodd Siôn ei eni yn y gwersyll, a gan ei fod yn geffyl pert penderfynwyd ei gadw a'i dorri i mewn pan ddaeth yn ddigon hen i gael ei ddefnyddio. Roedd yn geffyl addfwyn, ac roedd e a Dai yn ffrindiau mawr. Ond daeth y diwrnod pan roedd rhaid i'r fet ddod i'w sbaddu, gan na allen ni ei ddefnyddio yn y gwersyll tra oedd e'n geffyl 'llawn'. Wrth i'r fet ei roi e i gysgu cyn yr op, y person diwethaf iddo'i weld o gornel ei lygad oedd Dai, a'r person cyntaf iddo'i weld wrth ddihuno ar ôl ei lawdriniaeth oedd Dai. Ni fu'r berthynas rhwng Siôn a Dai fyth yr un peth ar ôl hynny, a hynny, dybia i, am taw Dai gafodd y bai gan Siôn am yr hyn a ddigwyddodd iddo!

Mae mart ceffylau'n cael ei gynnal yn Llanybydder ar ddydd Iau olaf pob mis, ac o bryd i'w gilydd bydden i'n mynd yno i brynu ceffyl neu ddau i'r gwersyll pan roedd y rhai oedd gennym ni'n mynd yn hen. Dros y blynyddoedd cafwyd lwc wrth brynu yno ond cafwyd rhai ymweliadau anlwcus hefyd. Dwi'n cofio i ni brynu ceffyl un tro oedd fel oen bach wrth i ni ei roi yn y bocs i ddod ag e adre, ond erbyn i ni geisio'i ddal e drannoeth, methodd neb fynd yn agos ato. Dwi'n siŵr ei fod wedi cymryd tri mis i ni ei ddal e! Un tro mwy ffodus, prynodd Dai geffyl pedair oed, Teifi, am 420 gini, a bu'n gweithio'n hapus iawn gyda'r plant nes iddo ymddeol pan oedd e'n 25 mlwydd oed.

Mae ceffylau'n greaduriaid diddorol. Mae cwpl gyda ni adre – Skye a Celt – a dwi'n argyhoeddedig eu bod yn gallu synhwyro gwahanol bethau. Bob pan fydde plant ag anghenion arbennig yn ymweld â'r gwersyll bydde'r ceffylau, er eu bod yn hollol *bomb proof*, yn synhwyro bod y plant hyn yn fregus, ac yn ufuddhau'n hollol addfwyn wrth i'r staff roi'r plant ar eu cefnau.

Roedd un ceffyl yn giwt iawn. Pan fydde Dai yn mynd i'r

cae i'w nôl e heb fod yn gwisgo'i wellingtons, bydde'r gwalch yn mynd i sefyll mewn pwdel am y gwyddai na fydde Dai yn gallu ei ddilyn i'r dŵr a'i ddal!

Ond wrth i'r gwersyll dyfu a gofynion y cwsmer newid, sylweddolwyd bod yn rhaid staffio'r gweithgareddau â staff cymwys. Profwyd yn achos y llethr sgio bod rhaid gwneud hyn, a gwnaethpwyd yr un peth gyda'r pwll nofio pan adeiladwyd un newydd yn 1990. Rhwng hynny a chanol y 90au gwelwyd twf sylweddol yn nifer staff y gwersyll, nid yn unig ar y gweithgareddau, ond hefyd yn y gegin a'r staff glanhau wrth i niferoedd yr ymwelwyr i'r gwersyll dyfu. Yn sgil hyn roedd arhosiad y cwsmeriaid yn fwy esmwyth, a'r canlyniad oedd bod mwy eisiau ymweld â'r gwersyll. Roedd hynny yn ei dro'n golygu fy mod yn gallu buddsoddi mwy mewn staff ac adnoddau – rhyw fath o gylch dieflig positif!

Roedd pethe gryn dipyn yn wahanol pan oedd nifer fach ohonon ni'n rhedeg pethe ar un adeg, wrth gwrs. Mae dau achlysur yn dod i'r cof. Un ohonynt oedd pan oedd Cadi tua deunaw mis oed. Roedd hi'n ganol gwersyll haf prysur pan ffoniodd Enfys i ddweud bod gwres uchel ofnadwy ar Cadi. Ni allwn adael y gwersyll, a bu'n rhaid i Enfys ddelio â'r sefyllfa. Roedd hynny'n anodd ac yn fy rhwygo. Achlysur arall oedd pan fu modryb i mi farw, a methais fynd i'r angladd oherwydd nad oedd neb ar gael i ddirprwyo. Wedi dweud hynny, efallai taw fi oedd yn ffôl! Penderfynwch chi. Ond y gwir yw fod gweithio yn Llangrannog wedi bod yn fwy na job i fi erioed.

Fe wnaethon ni waith ymchwil flynyddoedd yn ôl am faint o blant oedd yn parhau â'r gweithgareddau ar ôl mynd adre o Langrannog. 25% oedd y ganran. Dwi'n cofio Dai yn dweud iddo ddigwydd dod ar draws rhyw foi yn Nhreforus oedd yn rhedeg Canolfan Ferlota, a hwnnw'n sôn wrth Dai bod llawer iawn o'r plant oedd yn dod atyn nhw'n dweud eu bod wedi magu diddordeb mewn ceffylau ar ôl bod yn Llangrannog.

Er mwyn sicrhau bod modd bod gyda'r ceffylau ym mhob tywydd, adeiladwyd sied fawr y drws nesaf i'r pwll nofio yn y 70au. Bellach, mae canolfan newydd fawr gan y ceffylau. Mae'r gwersyll yn ei llogi at ddefnydd pobl leol hefyd, ac mae'n ddigon o faint i'r marchog allu symud yn eithaf cyflym gyda'r ceffyl. Camgymeriad yw mynd am adeilad rhy fach. O wneud rhywbeth yn iawn ac yn sylweddol, mae buddion economaidd eraill yn gallu dod yn ei sgil. Penderfynwyd, er enghraifft, y bydde ein llethr sgio yn un 98 metr o hyd, ac mae hynny wedyn yn caniatáu cyfleoedd i wneud pethe mwy anturus. O ganlyniad, mae mwy o ddiddordeb gan gymdeithasau a phobl ar eu gwyliau mewn dod draw i ddefnyddio'r llethr.

Un o'r gweithgareddau poblogaidd pan ddechreuais i oedd y trampolîn. Roedd hwn yn un mawr, ond dim ond un neu ddau oedd yn gallu mynd arno ar y tro, tra oedd y lleill yn sefyll o gwmpas yn gwylio neu'n aros o'i amgylch er mwyn sicrhau diogelwch y neidiwr neu'r neidwyr. Nid oedd hawl mynd arno heb fod swog neu aelod o staff yn bresennol. Rhodd gan Gronfa Aber-fan oedd y trampolîn cyntaf hwn, er cof am y plant a'r athrawon a gollwyd pan lithrodd y tip glo ar yr ysgol gynradd yn 1966. Fel pawb sy'n ddigon hen i gofio'r drychineb honno, dwi'n cofio lle ro'n i pan glywais y newyddion.

Fy athro Cymraeg yn Ysgol Ramadeg Castell-nedd, Dewi Roberts, a ddywedodd wrthon ni fel dosbarth. Roedd Cymru a'r byd wedi eu hysgwyd ac eisiau ymateb mewn rhyw ffordd.

Gadawodd y Parch Erastus Jones, gweinidog yng nghapel Soar yn Sefn, ei weinidogaeth a symud i Aberfan er mwyn helpu, er enghraifft. Un o anghyfiawnderau mawr y digwyddiad oedd i tua 10% o'r arian a godwyd gan y Gronfa (£150,000) gael ei hawlio gan y Bwrdd Glo er mwyn diogelu'r domen – rhywbeth a wrthwynebwyd yn ffyrnig ar y pryd. Roedd yr arian hwn i fod i'w ddefnyddio i gefnogi'r teuluoedd a'r pentref, ac i gofio'r rhai a gollwyd. Roedd hi'n fraint gan Llangrannog dderbyn y trampolîn a'i gysylltiad amlwg â hwyl ac asbri plant. Erbyn hyn mae gweithgaredd trampolîn newydd i lawr y tu allan i'r Ganolfan Hamdden, ac mae harneisi'n rhan o'r offer diogelwch.

Gweddnewidiwyd y sied yn ddiweddarach i fod yn neuadd sglefrolio a goleuadau disgo ynddi. Dyna i chi hunllef o ran iechyd a diogelwch, gan fod rhywun yn siŵr o gwympo a chael dolur, ond hefyd, roedd cadw trefn ar yr esgidiau yn anodd dros ben. Roedd cael hyd i ddwy esgid yr un maint yn her yn aml! Dwi'n meddwl mai Gwilym Roberts, Caerdydd, fathodd y term 'sglefrolio' ac ar ôl i'r cyfnod hwnnw ddod i ben, daeth 'llafnrolio', gyda *rollerblades*. Buan y daeth y termau hyn yn rhan o iaith plant drwy Gymru, a dod yn rhan o'n geirfa gyffredin. Wedi'r cyfan, bydde plant ac athrawon o bob rhan o Gymru'n cyfarfod yn y gwersyll ac yn mynd yn ôl wedyn i gorneli gwahanol o'r wlad â'r eirfa newydd. Maelor, a oedd yn gyfrifol am y llethr sgio, a fathodd y term 'gwibgartio' hefyd – cyfieithad o'r gair *toboganning*.

Mae'r addasu a'r newidiadau wedi parhau. Yn y sied lle bu'r ceffylau, y trampolïn, y sglefrolio a'r llafnrolio, mae offer y Cwrs Rhaffau Uchel yn cael ei gadw. Dyma lle mae pobl mynd i gael y gêr cywir i gyd. Mae'r cwrs hwn yn un o fuddsoddiadau sylweddol y cyfnod diweddaraf. Newid arall oedd datblygu'r gwyliau teulu, sydd wedi tyfu i fod yn boblogaidd iawn yn y gwersyll erbyn hyn. Pan ymddeolodd John Lane ar ddiwedd yr 80au, penodwyd Wendy Ostler yn ei le. Daeth Wendy â nifer o syniadau newydd i'r mudiad, a threfnodd benwythnos teulu i'w hardal hi, sef Gorllewin Morgannwg (Abertawe, Castell-nedd a Phort Talbot erbyn hyn). Dros baned yn ystod y penwythnos hwn, gofynodd Wendy i mi pam na fydden i'n trio cynnal gwyliau teulu dros y Flwyddyn Newydd. Cynigiodd ddod yno gyda'i theulu i helpu. A dyna ddechrau menter sydd wedi hen enill ei blwy, ac sydd bellach yn cynnwys penwythnos y Pasg a gŵyl y banc mis Awst. Mawr yw dyled Llangrannog i Wendy a Jim, ei diweddar ŵr, i Rhodri a Siân ac i Gwen a Jâms a'u teuluoedd am eu cymorth dros nifer o flynyddoedd i sicrhau llwyddiant y cyfnodau hyn.

Yn ystod y 70au a'r 80au, roedd y gwersyll yn cynnig rhai gweithgareddau gwahanol iawn i rai heddiw. Un flwyddyn cafodd y plant gyfle i wneud canhwyllau! Bydden nhw'n cynhesu gwêr neu gŵyr, gadael iddo oeri ychydig ac yna'n dipio'r wic i'r cŵyr. Bydde hi'n cymryd chwarter awr dda cyn i chi weld unrhyw beth yn digwydd. Unwaith bydde'r cŵyr yn sticio, bydde pethe'n symud yn gynt, ond y gwir yw nad oedd yn weithgaredd arbennig o gyffrous.

Gweithgaredd poblogaidd arall oedd y Gemau Potes – term arall a fathwyd yng ngwersylloedd yr Urdd, dwi'n credu. Bydde grwpiau o blant yn mynd o gwmpas y gampfa neu'r neuadd yn gwneud pethe fel taflu bagiau ffa i hŵp neu redeg igam-ogam â phêl neu neidio mor uchel ag y gallen nhw. Roedd angen cryn nifer o staff neu swogs gyda gemau potes, ond roedd yn weithgaredd syml a rhad, sy'n dal i gael ei gynnal yn achlysurol.

Roedd cael syniadau am weithgareddau newydd yn digwydd mewn sawl ffordd – syniadau staff, syniadau gan y plant a'u hathrawon, sesiynau *brainstorming* ac, o bryd i'w gilydd, lwc. Enghraifft o hyn oedd adeiladu'r Cwrs Rhaffau Isel yn y coed wrth ymyl y fferm. Ymwelodd athro o Went un tro a chynnig y syniad i ni.

'Bydde fe'n weithgaredd newydd i'r gwersyll,' meddai. 'Ac ar ben hynny mae'n weithgaredd adeiladu tîm a fydd yn rhoi gogwydd addysgol i'r hwyl.'

'Diolch am y syniad,' meddwn i, 'ond does dim cliw 'da fi am gwmnïau sy'n gwneud pethe tebyg!' Roedd hyn cyn dyddiau'r we a'r chwilio rhwydd.

'Paid â phoeni,' meddai'r athro. 'Rwy'n gwybod am ganolfan sy'n adeiladu rhywbeth tebyg ar y funud – fe ffonia i nhw.' Gwnaeth hynny ar ei union ac erbyn diwedd y dydd, roedd enw cwmni adeiladu cyrsiau rhaffau gyda ni. O fewn ychydig fisoedd roedd Cwrs Rhaffau Isel yn y gwersyll yng nghanol y coed, sydd wedi profi'n weithgaredd poblogaidd dros 20 mlynedd a mwy. Ac yn dilyn llwyddiant y cwrs hwn y daeth y Cwrs Rhaffau Uchel i fod.

Mae 15 neu 16 o weithgareddau'n cael eu cynnig erbyn hyn, ac ar gwrs penwythnos mae cyfle i bob plentyn wneud naw gweithgaredd – rhaglen gynhwysfawr ac amrywiol iawn. Mae'r prif weithgareddau, y rhai sydd bellach yn cael eu cysylltu â mynd i Langrannog, mor boblogaidd ag erioed – sgio, beicio modur, go-karts, nofio, ceffylau ... Yn ogystal, mae'r gwersyll yn gallu cynnig nifer o weithgareddau sydd â chyswllt clir rhyngddyn nhw a datblygiad personol. Cyfeiriannu, er enghraifft, sy'n dibynnu ar gydweithio wrth ddefnyddio cwmpawd. Mae cwrs antur ar gael hefyd. Mae'n un o'r gweithgareddau mwyaf cost effeithiol ac mae'n arbennig o boblogaidd. Yn y bôn, yr hyn sydd yma yw sawl twll llawn mwd, ac mae'r plant yn mynd yn frwnt iawn wrth fynd ar hyd y cwrs. Mae'n dda bod cawodydd ar gael iddynt yn y Ganolfan Hamdden!

Adeiladwyd y pwll nofio yn 1973 a chafodd ei adnewyddu a'i ymestyn yn 1990, pan newidiodd o fod yn danc uwchben y ddaear i fod yn bwll nofio go iawn. Sylweddolon ni fod gofynion y cwsmer yn dechrau newid, felly fe gawson ni staff arbenigol i weithio yn y pwll. Roedd Jim a fi wedi gweld beth oedd wedi digwydd gyda dyfodiad y llethr sgio flwyddyn ynghynt. Yn yr achos hwnnw doedd dim dewis gennym ond cael tîm o staff arbenigol, trwyddedig. Fydde diawl o neb o staff y gwersyll yn gwybod ble i ddechrau gyda'r sgio! A dyma weld nawr bod angen cyflogi staff arbenigol â'r cymwysterau cywir ar gyfer y gweithgareddau eraill hefyd, yn hytrach na dibynnu ar swogs gwirfoddol neu athrawon. Roedden ni'n synhwyro bod cymdeithas yn newid, a bod defnyddwyr y gwersyll yn disgwyl arbenigedd yn y gweithgareddau. Felly, dyna a gafwyd o hynny allan.

Roedd hi'n dipyn o fenter. Ond gallech chi ddadlau mai dyna un o gryfderau'r gwersyll. Y gallu i addasu i anghenion oes newydd, yr angen am broffesiynoldeb cynyddol, gan ymateb i ofynion iechyd a diogelwch hefyd, wrth gwrs. Mae gwaith papur i'w wneud, ac mae disgwyl bod y person sy'n gyfrifol am y gweithgaredd yn meddu ar y cymhwyster addas. Petai ymholiad swyddogol yn dod wedyn, am ba reswm bynnag, mae'r amddiffyniad gymaint yn gryfach.

Y drefn staffio newydd hon oedd un o'r trobwyntiau arwyddocaol yn hanes y gwersyll. Ar ddechrau'r 90au y daeth y twf mawr yn niferoedd y gwersyllwyr, ond yn fwy na dim, mewn staffio. Bellach, mae llawer o'r staff wedi bod yn y gwersyll ers nifer o flynyddoedd, ac yn wir mae sawl un yn dod i fyny at chwarter canrif o wasanaeth nawr. Bydde hynny wedi bod yn amhosibl i'w ragweld ar y pryd!

Mae pob math o bobl yn llogi'r gwersyll ac yn cynnal cyrsiau ar gyfer oedolion yn ogystal â phlant a phobl ifanc. Mae Clwb Carafanwyr Cymru wedi defnyddio'r gwersyll ar gyfer achlysuron cymdeithasol a dim un garafán ar gyfyl y lle. Mae'r gweithgareddau i gyd yno ar gyfer pawb ac mae adnoddau fel uwchdaflunwyr a chyfrifiaduron ar gael at wasanaeth y rhai sy'n aros. Dwi'n cofio flynyddoedd yn ôl byddai rhywun fel Gwilym Roberts yn dod i redeg cyrsiau iaith, heb bin ffelt na beiro na darn o bapur yn agos. Byddai staff neu swogs yn gorfod mynd lawr i Aberteifi wedyn a phrynu pob pin ffelt oedd yn y siop. Ond roedd brwdfrydedd ac afiaith heintus Gwilym yn mwy na gwneud iawn am hyn. Dyn arbennig iawn.

Y Llethr Sgio

HEB OS, un o'r gweithgareddau pwysicaf, a hyd y pwynt hwnnw y buddsoddiad mwyaf mewn gweithgaredd unigol, oedd adeiladu'r llethr sgio a agorwyd ym mis Gorffennaf 1989.

Tyfu o ddiddordeb personol wnaeth y syniad. Ro'n i'n hoffi sgio, ac wedi bod ar wyliau sgio sawl gwaith gyda chriw o ffrindiau o ardal Crymych. Cyn mynd, rhaid oedd ymarfer. 'Nôl yn yr 80au doedd dim llawer o lethrau sgio sych ar gael yn ne Cymru – dim ond un yng Nghaerdydd ac un yn Dan yr Ogof, Cwm Tawe, dwi'n credu. Cefais alwad ffôn un diwrnod gan Des (Davies) o Grymych, yn dweud bod Aelwyd Crymych yn mynd i Dan yr Ogof yr wythnos ganlynol i sgio fel rhan o'u hamserlen weithgareddau. Roedd Des a Helen, ei wraig, yn arwain Aelwyd Crymych ar y pryd, ac ro'n i'n ffrindiau mawr iawn â Des ers fy nghyfnod fel trefnydd yr Urdd yn Sir Benfro. Byddwn yn chwarae sboncen gydag e'n rheolaidd a chyn hynny'n chwarae rygbi gydag e yn Aberteifi. Roedd e hefyd yn un o'r criw oedd yn mynd i sgio ymhen ychydig wythnosau, ar daith a drefnwyd i'r criw gan Sandra Phillips, oedd yn dysgu yn Ysgol y Preseli ar y pryd.

Roedd hwn yn gyfle gwych i ymarfer ychydig, ac er taw llethr eitha bach oedd yn Dan yr Ogof, roedd yn berffaith i sgïwr o fy safon i. Wrth i'r noson fynd yn ei blaen, a phawb yn mwynhau, dyma Des yn troi a gweiddi arna i wrth i'r ddau ohonon ni fynd i ben y llethr ar y lifft a gweiddi,

'Jiw, Steff, dyma beth sydd ishe arnoch chi yn Llangrannog!'

Dwi'n siŵr taw dweud hyn â'i dafod yn ei foch oedd Des, ond y funud honno plannwyd syniad yn fy mhen, a gwyddwn mai dyna fydde'r gweithgaredd a fydde'n rhoi'r 'waw ffactor' i'r gwersyll, dod â chyhoeddusrwydd i'r ganolfan a chynnig gweithgaredd cyffrous i'r holl blant a phobl ifanc fydde'n cael eu denu i Langrannog oherwydd y llethr sgio. Roedd yr Urdd yn berchen y tir o gwmpas y gwersyll ynghyd â bryn gerllaw a fydde'n addas ar gyfer adeiladu'r llethr.

Drannoeth, es i mewn i'r gwaith a sôn wrth Jim am y syniad. Dwi ddim yn credu ei fod e'n rhannu fy mrwdfrydedd ar y pryd, ond fe ddechreuais blago a swnian yn feunyddiol am wythnosau, neu hyd yn oed am fisoedd, hyd syrffed. Ar ôl sbel, er 'mod i'n hollol argyhoeddedig taw'r llethr oedd y gweithgaredd newydd oedd ei angen ar y gwersyll, ro'n i'n dechrau digalonni gan nad oedd Jim (ar yr wyneb beth bynnag) wedi dangos ei fod yn rhannu fy mrwdfrydedd na fy argyhoeddiad. Felly, dyna hi.

Ond yna, ryw nos Sul, pwy ymddangosodd wrth ddrws cefn y tŷ ond Jim. Nid oedd hyn yn ddigwyddiad anghyffredin, achos roedd e'n galw arna i ac Enfys yn aml. Nid yn unig roedd y ddau ohonon ni'n gweithio'n dda ac yn glòs gyda'n gilydd yn y gwersyll, ond roedden ni'n ffrindiau agos hefyd – sefyllfa anarferol, efallai, a pherthynas na chredaf y gallwn fyth mo'i hail-greu.

'Gesa ble rwy wedi bod heddi?' gofynnodd Jim. Ar ôl tua chwe chynnig, yn amrywio o siopa yn Abertawe i gerdded y Preselau, i brynu car newydd, cafwyd yr ateb, 'Rwy wedi bod yn mhob llethr sgio yn ne Cymru!'

Erbyn hynny roedd 'na lethrau sgio nid yn unig yng Nghaerdydd a Dan yr Ogof, ond hefyd ym Mhen-bre ger Llanelli, yn Abertawe ac ym Merthyr. Roedd Jim wedi ymweld â phob un ohonynt! Un fel 'na oedd Jim. Os oedd e eisiau rhywbeth wedi'i wneud, neu os oedd arno angen rhyw waith ymchwil, roedd e'n bwrw ati o ddifri ei hunan, er ei fod yn gwybod hefyd pryd a sut i ddirprwyo. Roedd e – *mae* e – yn ddyn 'gwneud'.

'Wel?' gofynnais gan ddisgwyl ymateb negyddol.

'Roedd hi fel ffair ym mhob un ohonynt,' atebodd, a dyma fe'n mynd ymlaen i ddweud, 'Rwy'n cytuno â ti. Rhaid i ni gael llethr yn Llangrannog!'

Dwi ddim yn cofio beth ddwedes i wrth Jim mewn ymateb, ond dwi'n siŵr 'mod i'n berson bodlon iawn y noson honno, ac yfwyd sawl glased o win i ddathlu, dwi'n gwybod.

Ond nawr roedd y gwaith caled yn dechrau. Bydde adeiladu llethr sgio yn golygu tipyn o fuddsoddiad ariannol i'r Urdd, ac roedd yn dipyn o risg hefyd. Felly, dyma fynd ati i baratoi dogfen i'w chyflwyno gerbron Bwrdd Busnes yr Urdd. Roedden ni'n gofyn am ganiatâd i wario cannoedd o filoedd o bunnoedd ar adeiladu'r llethr. Roedd yr adroddiad hwn yn gynhwysfawr iawn, ac roedd ynddo gynlluniau, costau a rhestr o ddeg rheswm pam roedd angen llethr yn Llangrannog. Dwi ddim yn cofio wyth o'r rhesymau ond mae dau reswm dwi'n eu cofio'n iawn – creu gweithgaredd cyffrous oedd y naill, a'r llall oedd cynnal niferoedd y gwersyllwr – sef 8,100 cyn agor y llethr. Y flwyddyn ar ôl i ni agor y llethr, tyfodd y niferoedd hyn i 10,800, ac erbyn hyn mae ymhell dros 20,000 yn aros yn y gwersyll bob blwyddyn.

Ar ôl cyflwyno'r adroddiad i Fwrdd Busnes yr Urdd yn 1988 a chael caniatâd i adeiladu'r llethr – yn dilyn cael ein holi'n dwll gan bobl fel Prys Edwards – dyma fynd ati o ddifrif gyda'r trefniadau. Roedd yr antur fawr ar ddechrau! Fel y sonais eisoes, roedd yn gynllun uchelgeisiol, a rhaid diolch i'r bobl hynny a gefnogodd Jim a fi yn y cynllun hwn, a'u llongyfarch am fod yn ddigon hirben i weld y posibiliadau. Yn ein barn ni roedd y cynllun yn mynd i fod yn llwyddiant ysgubol, ac felly y bu, wrth gwrs, ond gallai fod wedi bod yn fflop hefyd. Mae'n siŵr mai dyna'r union reswm dros lwyddiant gwersylloedd yr Urdd – y ffaith fod pwyllgorau'r Urdd wedi bod yn barod i fuddsoddi a chymryd nifer o risgiau dros y blynyddoedd er mwyn gwella'r adnoddau a chreu gwersylloedd penigamp y mae Cymru gyfan yn falch ohonynt. Dyna pham mae gan blant a phobl ifanc Cymru gyfle i ymweld â chanolfannau sydd gyda'r gorau o'u bath.

Wrth edrych yn ôl roedd y ddau ohonon ni'n hollol naïf. Gan fod 'na fryn gerllaw'r gwersyll credai'r ddau ohonon ni taw'r cyfan oedd yn rhaid ei wneud oedd creu'r llethr trwy osod matiau neilon yn eu lle ar y bryn lle cerddodd miloedd o blant i'r traeth dros y blynyddoedd. Yna i ffwrdd â ni!

Ond NA. Wrth gyfarfod a holi gwneuthurwyr y matiau (a wnaethpwyd yng Nghymru, gyda llaw), fe wawriodd arnon ni nad oedd y bryn yn ddigon serth. Hefyd, roedd rhaid cael arwyneb llyfn i'r matiau orwedd arno, system ddraenio o dan y llethr ac *underlay* i orwedd ar y bryn o dan y matiau a ddefnyddir i sgio arnynt. Cyn gallu gwneud y llethr yn ddigon serth, roedd rhaid gweld beth oedd gwneuthuriad y bryn o ran pridd a chraig ac yna dod i gasgliad ynglŷn â pha mor ymarferol oedd gwneud y bryn yn fwy serth, a beth fydde heriau gosod y system ddraenio.

Felly, dyma anfon Aeron Jones, un o staff cynnal a chadw'r gwersyll, i greu rhesaid o dyllau ar y bryn er mwyn i ni allu cynnal arolwg daearegol. Wrth i Aeron ddechrau ar y gwaith o dyllu, sylweddolwyd yn gyflym iawn fod lot fawr o graig yn agos at yr wyneb, ac ni lwyddodd Aeron druan i dyllu ond ychydig fodfeddi o ddyfnder. Felly, roedd rhaid cael JCB i wneud y gwaith. Sylweddolodd Jim a fi'n gyflym iawn fod adeiladu'r llethr yn mynd i fod yn dipyn mwy o gynllun na'r hyn a adroddwyd i'r Bwrdd Busnes pan ofynnwyd am ganiatâd i'w greu. Ond penderfynodd y ddau ohonon ni mai gwell fydde peidio â dweud dim byd wrth neb!

Yn ystod y cyfnod hwn o dyllu, dyma gymydog i'r gwersyll, David McBean, sy'n byw mewn tŷ ar ben heol y gwersyll, yn cerdded heibio a gofyn, 'Beth sydd mlaen 'da chi 'te, bois?'

Dyma esbonio wrth David beth roedden ni'n mynd i'w wneud, a bod rhaid cynnal arolwg daearegol o'r bryn, ond nad oedd syniad gyda ni pwy allai wneud y gwaith. 'Wel,' meddai David, 'rwy'n beiriannydd sifil, a bydden i wrth fy modd yn eich helpu. Mae'n swnio'n gynllun cyffrous iawn.' Er bod David McBean wedi bod yn gymydog i'r gwersyll ers blynyddoedd lawer, wyddai neb ei fod yn beiriannydd sifil. Dyna beth oedd lwc! Bu'n adolygu'r gwaith perianyddol ar y cynllun o hynny allan, a sicrhau bod y gwaith tir yn cael ei gwblhau'n gywir. Mawr yw'n dyled iddo.

Mae'r llethr wedi'i wneud o gannoedd o fatiau 8' wrth 6', ac mae'n rhaid clymu pob un at y nesa gan ddefnyddio darnau o weiren. Eto, roedd Jim a fi'n naïf iawn. Roedden ni wedi bwriadu i staff y gwersyll wneud y gwaith hwn – pedwar person fydde wedi bod ar gael i wneud y gwaith bryd hynny, felly. Petai hynny wedi digwydd, dwi'n siŵr mai yno'n aros am y llethr fydden ni hyd heddiw!

Ond eto, dyma lwc neu ffawd yn galw eto. Aeth Jim i ymweld â'r llethr sgio yn Llandudno, a oedd wedi ei sefydlu ers nifer o flynyddoedd, a chwrdd â dau berson a ddaeth yn allweddol iawn yn llwyddiant ein llethr ni. Un ohonynt oedd Maelor Owen, oedd yn gweithio yn Llandudno yn achlysurol ac yn arbenigwr yn y maes hyfforddi sgio yng Nghymru. Eglurodd Jim wrth Maelor beth roedden ni'n gobeithio'i greu yn Llangrannog. Hoffai Maelor y syniad o gyflwyno sgio i filoedd o blant a phobl ifanc yn fawr, ac i dorri stori hir yn fyr, ymunodd â staff y gwersyll yng ngwanwyn 1989 mewn da bryd i agor y llethr yn y mis Gorffennaf hwnnw. Ar ôl i Maelor ymuno â'r staff, a than ei ymddeoliad yn 2004, hyfforddodd ddegau o bobl ifanc lleol i fod yn hyfforddwyr sgio yn eu tro, ac mae nifer ohonynt wedi bod yn hyfforddi ar eira dros y byd i gyd – ac yn dal i wneud! Pwy feddyliai y gallai ardal fach glan-môr wneud y fath beth?

Yr ail berson allweddol i Jim gwrdd ag e oedd Mike Keating. Roedd gan Mike gwmni oedd yn arbenigo mewn gosod llethrau sgio sych, ac ar ôl nifer o gyfarfodydd dyma roi'r gwaith i Mike a'i gwmni i baratoi'r tir a gosod y llethr yn ei le yn Llangrannog.

Lwc neu ffawd – galwch chi e beth fynnwch chi – ond agorwyd y llethr ym mis Gorffennaf 1989 ac mae wedi bod yn llwyddiant ysgubol byth ers hynny.

Jim a phenodiadau

PAN GAFODD JIM O'ROURKE y job fel pennaeth y gwersyll, ro'n innau wedi ceisio amdani hefyd, a heb ei chael, yn amlwg. Ro'n i'n siomedig a dweud y lleiaf. Mae'n gas 'da fi ddweud i fi fod yn chwerw iawn, a bues i'n lletchwith hefyd, yn enwedig wrth Jim, nad oedd ar fai o gwbl. Licen i ddweud mor edifar a blin ydw i am y ffordd wnes i ymateb. Does dim ffordd arall o'i dweud hi. Dwi'n cofio Alan Gwynant, oedd yn gweithio i'r Urdd ar y pryd, yn rhoi cyngor diflewyn ar dafod i fi:

'Yn gyntaf, dyw'r panel penodi ddim yn mynd i newid eu meddwl ta faint o gwyno wnei di. Yn ail, cadwa di mlaen â'r nonsens 'ma, ac rwyt ti'n mynd i gadarnhau yn eu meddyliau nhw eu bod wedi gwneud y penderfyniad iawn. Mae lan i ti nawr i ddangos beth wyt ti'n gallu neud.' A dyna'r cyngor gorau ges i erioed.

Wrth gwrs, daeth Jim a finne'n ffrindiau mawr. Roedden ni'n ffrindiau ta beth, ond daethon ni i gydweithio'n agos a ffurfio uned dynn iawn. Dwi'n credu bod y bartneriaeth honno'n un sydd wedi cyfrannu'n fawr at y ffordd mae'r gwersyll wedi datblygu, a natur y gwersyll heddiw. Cydweithio hapus dros gyfnod o ddeuddeng mlynedd. Roedd Jim yn un hawdd dod mlaen ag e ac yn un gwych am weld cyfleoedd busnes a negodi cytundebau. Fel dywedodd Aled Siôn wrtha i rywbryd, petaech chi mewn twll neu drafferth, fydde neb gwell na Jim i fod yn gwmni i chi. Roeddech chi wastad yn meddwl, gydag e, y byddech chi'n dod drwy unrhyw storm. Do, bues i'n lletchwith wrth Jim. Efallai iddo bara am fis, dau fis, tri mis efallai. Ond fe sortes i'n hunan mas.

Bu'r profiad yn help mawr i fi yn y pen draw, achos dwi wedi gorfod mynd trwy brofiadau a sefyllfaoedd tebyg wrth benodi staff. Dwi'n gallu uniaethu â siom, a rhannu fy mhrofiad â nhw. Gallaf ddweud gydag argyhoeddiad ei fod yn brifo'n uffernol ar y pryd – ac am sbel wedyn – ond bydd pethe'n gwella. Bryd hynny, pan benodwyd Jim, yn wahanol i nawr, doeddech chi ddim yn cael unrhyw adborth. Siaradodd neb â fi am y peth yn wir.

Aeth Jim ymlaen wedyn i fod yn Brif Weithredwr y Mudiad, wrth gwrs, a minnau'n Gyfarwyddwr y Gwersyll.

Gallech chi ddadlau, pan adawodd Jim fel Prif Weithredwr yr Urdd, mai'r cam gyrfaol rhesymegol nesa i fi fydde mynd am y swydd honno. Ond yn gyntaf, do'n i ddim yn meddwl 'mod i'n abl i wneud y gwaith ac ysgwyddo'r cyfrifoldeb, ac yna'n ail ro'n i'n hapus lle ro'n i. Ro'n i wedi cyrraedd lle ro'n i am gyrraedd. Ac mae'r swydd honno'n rhy wleidyddol at fy nant i. Allen i ddim â bod yn wên deg â gwleidyddion ac ati fel rhan o fy swydd o ddydd i ddydd. Galla i ei wneud e'n achlysurol yn rhwydd. Fe allen i werthu sand i Arab petai e'n golygu bod yr Arab hwnnw'n mynd i sicrhau bod y gwersyll neu'r Urdd ar eu helw. Petai rhywun yn dweud bod Mrs X yn dod i 'ngweld i, gan ddweud, 'Mae hi wedi ennill £150 miliwn ar y loteri ac yn ystyried rhoi miliwn o bunnau i'r Urdd neu ryw elusen arall. Mae'n dod i'r gwersyll. Gwna'n siŵr ei bod yn cael y sylw gorau.' Dim problem. Croeso mawr, Mrs X! A byddwn i'n hoffi meddwl 'mod i wedi bod yn ymroddedig a brwd ynglŷn â'r gwersyll bob amser, hyd at ddiwrnod fy ymddeoliad ar ddiwedd mis Awst 2015. Achos mae'n fwy na job.

Wrth benodi pobl i swyddi, weithiau rydych chi'n cael rhyw deimlad ym mêr eich esgyrn nad yw pethe'n iawn. Rhyw reddf, mae'n siŵr. Dwi'n gredwr mawr yn hynny. Mae angen i ffitio'n iawn o ran personoliaeth yn ogystal â meddu ar y cymwysterau mwy ffurfiol. Mae cyfnod prawf o chwe mis yn cael ei roi i staff llawn amser a rhan amser. Anaml iawn roedd angen dweud sori a gwdbei. Gallen ni fynd a rhoi cyfle arall a chyfle arall eto. Mae pobl undebau'n awyddus i ymestyn cyfnodau – rhyw dri mis arall, efallai. Ond yn y pen draw, mae'n garedicach gadael i rywun fynd os nad yw'r berthynas na'r gwaith yn iawn. Mae'n gallu effeithio ar forâl gweddill y staff hefyd, ac mae angen edrych ar y darlun mawr.

Ar yr ychydig droeon pan oedd problemau mawr yn ymwneud â staff oedd wedi bod yn y gwersyll ers nifer o flynyddoedd, roedd pethe'n llawer mwy cymhleth. Mae achosion pan rydyn ni wedi gorfod galw ar ACAS, y cymodwyr, i ddod i mewn i ddelio â sefyllfaoedd a chynnal ymchwiliad. Ar adegau fel hyn, mae'n amhrisiadwy cael elfen allanol fwy niwtral yn rhan o'r broses.

Ar ôl mynd adre, fyddwn i ddim yn pendroni dros bethau fel hyn. Rydych chi'n caledu i bethau felly. Doedd penderfyniadau rheolaethol fel hyn ddim yn gwasgu arnaf i er 'mod i'n poeni am y staff oedd ar ôl yn y gwersyll yn dilyn anghydfod, ac wedi bod yn rhan o'r dystiolaeth ac ati. Ro'n i wastad yn dweud wrthyn nhw am fynd adre, cau'r drws ac ymlacio, gan adael i *ni* sorto pethe. Dylen nhw switsho bant a pheidio â chymryd pethe'n bersonol. Yr hyn ro'n i'n ei weld oedd bod gwneud penderfyniadau'n cymryd amser hir. Ond unwaith roedd y penderfyniad wedi'i wneud, a 'mod i'n hapus fy mod wedi gwneud y penderfyniad cywir, wel, dyna ni wedyn. Yn yr un modd, os o'n i'n cael llythyr o gŵyn, ro'n i'n gwneud fy ngorau i'w ateb o fewn pum niwrnod. Roedd amser (a chwys) yn mynd i mewn i gael y geiriad yn iawn, ond unwaith roedd hwnnw gennych chi, dyna fe.

Mae sawl un wedi dweud wrtha i fy mod i'n rhoi'r argraff nad wyf i'n becso am bethau, a dwi wastad wedi meddwl, 'Os mai dyna'r argraff ry'ch chi'n ei gael, grêt'. Os gallen i ddangos bod popeth yn iawn, roedd pawb arall yn mynd i deimlo'n saff ac yn gallu ymlacio. Ond petawn i'n mynd rownd yn cico drysau a sgrechen a snapo, yna bydde hynny'n cynhyrfu pawb. Y gamp oedd gwneud i'r staff feddwl nad oedd angen poeni. Rydych chi'n gorfod actio dipyn yn y swydd. Os oes rhywbeth yn eich ypsetio, rhaid dangos nad yw'n effeithio arnoch chi. Os oes rhywun yn eich hela chi'n grac, rhaid ceisio peidio â gwylltu. Neu os ydych chi mewn cyfarfod a rhywun yn eich gwneud yn nerfus, rhaid i chi beidio â dangos eich bod yn poeni am yr hyn maen nhw'n ei ddweud. Dwi'n cofio'r llythyr cyfreithiwr cyntaf a gefais, a'r teimlad dychrynllyd a gododd yn fy stumog. Llythyron yn hawlio iawndal ar ôl i blentyn gael dolur ydyn nhw'n aml – os yw plentyn wedi torri braich, dyweder. Bydde cynnig o £3,000 ar ddechrau mis Rhagfyr yn help mawr i dalu am ddathliadau'r Dolig i rai! Ond des i sylweddoli'n go glou mai mater o ateb y cwestiynau'n glir a gonest oedd hi, trosglwyddo'r mater i ddwylo'r cwmni yswiriant – a'i roi o'r neilltu. Profiad sy'n gwneud hynny. Ond ychydig iawn, iawn o lythyron cyfreithiwr sy'n dod a dweud y gwir, ac mae hyn yn wir am yr Urdd yn gyffredinol. Os meddyliwch chi am yr holl filoedd o blant sydd wedi bod yn nofio yn y môr yn Llangrannog neu sydd wedi bod yn cerdded y mynyddoedd yng ngogledd Cymru dros y blynyddoedd, mae'n rhyfeddol cyn lleied o ddamweiniau sy'n digwydd. Mae'n rhywbeth sy'n adrodd cyfrolau am y mudiad. Fel dywedodd rhywun wrtha i'n ddiweddar, '*Ma*' mudiadau eraill sydd wedi mynd â phlant i wneud gweithgareddau fel hyn yn cael damweinie.' Mae ein record diogelwch yn fwy na mater o lwc.

O enau plant bychain ...

UN O'R PETHE BRAF am weithio gyda phlant a phobl ifanc yw clywed y pethe doniol maen nhw'n eu dweud.

Dwi'n cofio un stori oedd yn enghraifft berffaith o hyn. Roedd ysgolion Gogledd Penfro'n cynnal eu cwrs amgychfyd blynyddol un mis Mai. Yn ystod y cwrs, mae'r plant yn cael gwersi amgylchfyd yn y bore ac yna'n gwneud gweithgareddau'r gwersyll yn y prynhawn. Caiff y plant y cyfle i astudio pynciau megis glan y môr, y goedwig, yr arfordir, ac yn y blaen.

Ar y cwrs arbennig hwn roedd y plant yn astudio glan y môr ar draeth ryw bum milltir o'r gwersyll, felly roedd rhaid i ni eu casglu yn y bws mini. Wrth i ni aros i'r plant ddod i'r bws, ro'n i'n eistedd yn sedd y gyrrwr gydag athrawes newydd gymhwyso wrth fy ochr, sy'n brifathrawes yn ardal Dyffryn Aeron ers blynyddoedd lawer nawr. Eisteddai dau fachgen y tu ôl i ni'n aros i'w ffrindiau ddod i'r bws. Roedd y plant wedi bod yn archwilio'r pyllau dŵr yn y creigiau a dyma un yn gofyn i'r llall,

'Welest ti rywbeth diddorol yn y pyllau bore 'ma?'.

'Do,' atebodd y llall, 'a rwy wedi dod â fe 'da fi. Ffeindies i granc bach.'

'O,' meddai'r cyntaf, 'ma'r cranc 'na wedi marw!'

'Shwd ti'n gwybod 'ny?' meddai'r ail.

'O, mae'i *desticles* e'n hongian lawr i gyd.' Wel, dyma'r athrawes a fi'n bwldagu cyn clywed y cyntaf yn cywiro'i ffrind: 'O, na, nid ei *desticles* ti'n feddwl, ond ei *dentacles* e!'

Rhyw gamddealltwriaeth ddiniwed oedd yr hyn a gafwyd un diwrnod yn y sied geffylau hefyd. Daeth cwpwl o blant draw allan o wynt ac wedi cynhyrfu'n lân.

'Syr, syr dewch draw glou! Ma' un o'r ceffyle'n cael babi. Ma'i goes e'n dechre dod mas!' O fynd i weld, sylweddolwyd yn go glou mai ateb galwad natur oedd y ceffyl – doedd y plant druan ddim wedi gweld ceffyl yn gwneud ei fusnes o'r blaen!

Mae plant yn gallu bod yn ddyfeisgar iawn hefyd. 'Nôl ar ddechrau'r 90au dwi'n cofio un bachgen o flwyddyn 7 ysgol uwchradd leol yn mynd i drwbwl gyda'i athrawon, a bu'n rhaid i finnau ei ddwrdio hefyd. Roedd yr athrawon yn cysgu yn Enlli bryd hynny, ac yn defnyddio'r toiledau a'r cyfleusterau ymolchi yno, ar ben y grisiau ar bwys drws cefn y siop. Amser te dywedodd un o'r athrawesau ei bod yn meddwl ei bod yn colli ei phwyll, gan ei bod newydd glywed lleisiau pan oedd yn y tŷ bach. Gallai daeru bod rhywun wedi dweud pethe fel, 'Oi, what you doin' up there?' a 'Hey, I'm tryin to sleep down 'ere!' a 'Bombs away!' Roedd hi'n chwerthin wrth ddweud hyn, ond yn amlwg mewn penbleth ac yn teimlo braidd yn anghyfforddus hefyd. Yna, dyma un o'r athrawesau eraill yn dweud ei bod hi'n credu ei bod wedi clywed lleisiau yno hefyd. Aeth y ddwy 'nôl i'r tŷ bach i ymchwilio ymhellach. O graffu'n ofalus mewn un ciwbicl fe welson nhw wifrau'n dod allan o dan gefn sêt y toiled, ac o'u dilyn fe welson nhw eu bod yn cysylltu â rholyn papur tŷ bach Andrex heb ei agor. Sylwon nhw wedyn fod gwifren yn mynd o'r rholyn i botel plastig o Toilet Duck!

Roedd un ohonynt wedi dychryn o weld hyn ac yn meddwl bod bom yno, er nad oedd hi'n wir yn gallu credu hynny chwaith. Aeth hi i nôl rhai o'r athrawon eraill. Yn y cyfamser casglodd yr athrawes arall y 'dystiolaeth', a gweld bod cefn y Toilet Duck wedi ei dorri allan a bod casét ynddo. Roedd darn o gefn y pecyn Andrex wedi ei dorri hefyd, ac ynddo roedd *speaker* bach. O dan y sedd roedd switsh bach yn sownd wrth y wifren. Erbyn hyn roedd torf o athrawon a finnau yn nhŷ bach y menywod! Aethpwyd â'r holl gyfarpar bant i'w astudio'n fwy gofalus. Ymateb cyntaf sawl un oedd dychryn, ond doedd dim offer recordio yno. Yr hyn oedd yn y tŷ bach oedd dyfais chwarae sain. Bydde'r switsh o dan y sedd yn creu cylched pan fydde pwysau'n cael ei roi arno (eistedd ar sedd y tŷ bach), a bydde fe'n gwneud i'r casét droi. Bydde'r athrawesau wedyn yn clywed y llais. Roedd rhyw hanner awr o negeseuon amrywiol ar y casét, ond dim ond pan fydde pwysau ar y switsh fydde fe'n chwarae. Unwaith bydde'r person yn codi, bydde'r sŵn yn stopio, ac roedd hyn, wrth gwrs, wedi ychwanegu at y penbleth.

Roedd y staff yn ymwybodol nad oedd ysgol arall i mewn yn y gwersyll yr wythnos honno, felly roedd hi'n debygol iawn mai eu disgyblion nhw oedd yn gyfrifol. Cafwyd goleuni ar y mater pan welwyd fod y gwyddonydd bach wedi ysgrifennu ei enw ar y casét –TD's Demonstration Bog Tape. Fedrwn i a'r athrawon ddim credu bydde fe wedi gwneud hyn ar ei ben ei hun bach. Wedi'r cyfan, petawn i wedi bod mor glyfar â'r bachgen, byddwn i wedi dymuno cael cynulleidfa i'r holl beth. Aethon ni ati i groesholi gan ddechrau gyda'r bechgyn oedd yn rhannu ystafell gydag e. Ond na, wir, daeth yn gwbl glir mai cynllun un person oedd hwn. Band-un-dyn eithriadol o glyfar.

Doedd e ddim wedi rhannu'r wybodaeth na'r profiad gyda neb. Roedd e wedi dod â'r cyfarpar i gyd gydag e i'r gwersyll, ac wedi llwyddo rywsut i roi popeth yn ei le yn hynod o slic. Roedd un neu ddau o'r athrawon yn eithriadol o flin gydag e, ond roedd y rhan fwyaf ohonyn nhw'n chwerthin yn dawel bach, ac yn llawn edmygedd o'i ddawn. Fel y dywedodd un ohonynt, 'Bydd e naill ai'n dod yn wyddonydd o fri neu'n mynd ar ei ben i'r carchar!'

Swogs y Gwersyll Haf

R O'N I WEDI DWLU ar fod yn swog yn y gwersyll pan o'n i yn y chweched yn Rhydfelen. Ro'n i'n dwlu ar y gwmnïaeth a'r bwrlwm a'r chwerthin oedd yn llenwi'r wythnosau. Wrth gwrs, yn dilyn y cyfnod cyntaf byr hwnnw fel swog, un o'r staff haf o'n i wedyn, ond ro'n i'n dal yn ymwneud llawer â'r swogs. Roedden nhw'n gweithio'n wirfoddol, a bydde hi wedi bod yn amhosib cynnal y gwersyll heb y bobl hyn. Roedd swogs newydd yn dod bob blwyddyn, ond bydde rhai eraill yn dod yn rheolaidd dros y blynyddoedd, am bythefnos fel arfer, gan gadw at yr un cyfnod bob blwyddyn. Bydde criwiau ohonyn nhw'n trefnu cyfarfod eto'r flwyddyn wedyn ar yr un adeg.

Roedd tynnu coes yn elfen nodweddiadol o swog, ac yn ogystal â chael hwyl gyda'r plant bydden nhw'n mwynhau chwarae triciau ar ei gilydd. Dwi'n cofio swog o Gaerdydd yn dod i'r gwersyll i ymweld â ffrindiau am noson. Daeth yn ei gar a'i barcio. Popeth yn iawn. Ond pan ddaeth hi'n amser gadael, doedd dim sôn am y car bach. Bu'n rhaid iddo aros ymlaen yn y gwersyll am dri diwrnod arall yn chwilio amdano. Roedd e'n gwybod bod rhyw felltith wedi digwydd ac nad mater i'r heddlu oedd e, ond doedd e ddim yn gallu dod o hyd i'r car o gwbl. Yn y diwedd, ffeindiwyd y car. Roedd y swogs eraill wedi mynd â chodi pabell drosto!

Pan oeddech eisiau mynd i'r tŷ bach yn y nos, roedd rhaid bod yn ofalus! Os nad oedd golau yno, roedd hynny'n rybudd ac yn arwydd gan amla fod rhywun wedi rhoi clingffilm ar y sêt, neu jam, hyd yn oed. Roedd chwarae dwli'n rhan bwysig o fywyd y gwersyll – o du'r swogs, beth bynnag.

Byddech chi'n codi yn y bore a dim cyllyll a ffyrc ar gael. Dim! Bydde swogs wedi dod lawr o Lan-llyn ar ryw gyrch neu'i gilydd ac wedi dwyn y cyfan. Ond wrth gwrs, bydde criw Llangrannog yn gwneud pethe tebyg ar gyrch i Lan-llyn. Pan roedd swogs Llangrannog wedi gwneud rhyw felltith fel hyn, roedden ni yn y gwersyll yn gorfod bod yn wyliadwrus iawn, achos roedd ymweliad gan griw Glan-llyn yn siŵr o ddilyn er mwyn dial. Dwi'n cofio bod yng Nglan-llyn un tro a dyma Mici Plwm a Dafydd Miaw yn gyrru lawr i Langrannog a herwgipio Sel 'Socs' Evans, Trefnydd yr Urdd yn Sir y Fflint. Ac wrth gwrs y noson ganlynol cafodd Glan-llyn ymweliad gan griw o Langrannog. Ond ro'n i'n disgwyl i hyn ddigwydd ac fe'u daliwyd a'u martsio o flaen y gwersyllwyr amser brecwast y bore canlynol.

Roedd llawer o'r adloniant yn ddibynnol ar ddychymyg y swogs oedd yn y gwersyll ar y pryd. Bydde llawer o'r jôcs yn eu pantomeim neu eu sgetshys yn rhai a fydde'n annealladwy i'r gwersyllwyr – rhyw *in jokes* preifat neu hiwmor oedd y tu hwnt i fyd y plant. Pan fu farw Elvis Presley yn 1977, er enghraifft, roedd yr hiwmor yn troi o gwmpas y canwr hwnnw. Fe adeiladon nhw arch, hyd yn oed! Roedd y swogs yn eu dyblau a'r plant yn edrych ar ei gilydd mewn penbleth. Roedd y sgriptiau'n anhygoel a dweud y gwir, yn cael eu creu mewn ychydig iawn o amser. Roedden nhw'n eithriadol o ddyfeisgar. Dwi'n cofio swogs yn mynd ati i greu effaith ffilm. Rhyw fath o effaith *strobe* oedd e, yn y cyfnod cyn i bobl ddod yn ymwybodol o'r ffaith fod hyn yn gallu achosi pennau tost ac effeithio ar epilepsi. Ta beth, roedden nhw wedi cael hen daflunydd sleidiau, rhoi dril o'i flaen yn troi ac yna rhyw fath o ffan a thyllau arno ar y dril. Bydde'r gwisgoedd yn cael eu gwneud allan o ddim byd. Roedd y cyfan yn greadigol iawn.

Pan fydde hi'n amser noswylio, roedd Japheth yn enwedig yn awyddus iawn i'r swogs gadw'r plant i ganu am sbel. Y nod oedd eu blino gymaint fel y bydden nhw'n syrthio i gysgu'n syth ar ôl cyrraedd eu hystafelloedd. 'Franz o Wlad Awstria' oedd un o'r ffefrynnau – un o'r caneuon chwedlonol hynny y mae cenedlaethau o blant wedi eu dysgu yn Llangrannog, ynghyd â'r symudiadau. Ond weithiodd y cynllun byth …

Rhwng te a swper ar y nos Lun, y nos Fawrth a'r nos Fercher bydde rhai o'r swogs yn cyfarfod i drafod beth fydden nhw'n ei wneud tra oedd y swogs eraill druan yn goruchwilio 200 o blant mas ar y cae. Fel y soniais o'r blaen, roedd lot o eistedd o gwmpas yn digwydd.

Bydde ambell i aelod o'r staff (y bechgyn oedd yn gweithio am gyfnod estynedig dros gyfnod yr haf fel arfer) yn eu cael eu hunain mewn trafferth. Weithiau, bydden nhw'n mynd mas gydag un o'r swogs benywaidd ar ddechrau'r haf. Bydde'r ferch wedyn yn mynd adre, a bydde'r aelod o'r staff yn ffurfio perthynas â swog arall yr wythnos ganlynol. Bydde pethe'n mynd yn draed moch pan fydde'r ferch wreiddiol yn penderfynu dod 'nôl fel swog ar ddiwedd yr haf. Dyna rysáit am wyneb coch ac embaras! Bydden ni ar adegau wedyn yn cael esgusodion eu bod yn dost, neu bod rhywbeth eithriadol o bwysig ymlaen gartre. O leiaf roedd ganddyn nhw rywfaint o gydwybod.

Ar ôl i'r plant fynd i'r gwely, bydde'r swogs yn chwarae gemau ac adrodd straeon, a rhai ohonyn nhw'n gemau partis plant megis Sardines. Bydde rhywun yn mynd i gwato a phan fydde rhywun arall yn dod o hyd iddo, bydde'r person wnaeth y darganfod yn ymuno ag e yn y guddfan. Bydde hyn yn mynd ymlaen nes bod twr mawr o swogs yn yr un lle. Mae'n hen gêm. Ond bydden nhw weithiau'n tynnu coes rhywun trwy adael i'r person fynd i guddio, a neb yn mynd i chwilio amdano, gan adael iddo feddwl ei fod wedi llwyddo i gael gafael ar guddfan dda. Bydde fe'n ailymddangos ymhen rhyw awr yn fuddugoliaethus, a gweld bod gweddill y swogs yn eistedd yn gyfforddus yn sgwrsio yn y caban neu'r neuadd. Bydde gemau fel 'Gaf i aros yn y balŵn?' sef gêm lle bydden nhw'n eistedd mewn cylch ac yn chwilio am batrymau neu gliwiau mewn gosodiadau, yn mynd ymlaen am oriau. Ac roedd y gêm 'Capten yn galw' hefyd yn ffefryn mawr. Roedd y rhain i gyd yn rhai gwych am dynnu pawb at ei gilydd ac adeiladu tîm. Erbyn diwedd yr wythnos roeddech chi'n adnabod eich gilydd yn dda, ac roedd ffrindiau oes wedi eu gwneud. Mae sawl athro wedi dweud wrthyf eu bod yn defnyddio'r gemau cylch a ddysgon nhw pan oedden nhw'n swogs yn Llangrannog a Glan-llyn gyda'u disgyblion ar dripiau ac ar gyrsiau.

Roedd llawer o ganu o gwmpas y piano, lawr yn y gampfa gan amlaf, a phobl fel Martin Geraint a Ieuan Rhys yn trio'u caneuon newydd mas ar gynulleidfa. Bydde grŵp bach o swogs (merched fel arfer) yn casglu o'u cwmpas mewn edmygedd ac yn gwrando ar eu caneuon serch.

Flynyddoedd yn ôl, cyn fy nghyfnod i, bydde'r swogs yn mynd lawr i draeth Cefn Cwrt i nofio ganol nos ar ôl i'r plant fynd i'r gwely. Dwi'n arswydo wrth feddwl am y peth nawr – meddwl amdanyn nhw'n mynd lawr y llwybr yn y graig a hithau'n dywyll fel bola buwch. Efallai fod ganddyn nhw dortshys, ond hyd yn oed wedyn … Mae'r llwybr yn serth ofnadwy ac mae hynny'n ddigon o her ynddo'i hunan. Ond hefyd, mae 'na garreg yn y môr â thwll ynddi, a honna oedd yr arwydd i nodi faint o nofiwr oeddech chi. Roeddech yn anelu amdani a nofio drwy'r twll o dan y dŵr. Roedd y cyfan yn gythreulig o beryglus.

Yn ogystal â'r bobl ifanc fydde'n dod i'r gwersyll fel swogs, roedd nifer o rai hŷn yn dod hefyd. Roedden nhw wedi bod yn dod ers blynyddoedd, ers iddynt hwythau fod yn swogs ifanc, a byddent yn cadw at yr un wythnosau. Dyna i chi Robert Edgar, a fydde'n neilltuo wythnos 6 a 7 bob blwyddyn, sef wythnos yr Eisteddfod Genedlaethol a'r wythnos ar ôl hynny, i weithio'n wirfoddol yn y gwersyll.

Roedd Robat Edgar yn gwybod y bydde fe'n gallu cael ei gludo i Langrannog o'r gogledd, a fydde fe byth yn cadarnhau trefniadau, dim ond mynd i'r man casglu yng Nghaernarfon ar yr un pryd bob blwyddyn i ddal y bws. Roedd e'n gwybod bod y bws yn gadael Bangor am 9.00 y bore – yna Caernarfon, Porthmadog, Dolgellau, Aberystwyth … Ond wrth gwrs, yn nes ymlaen, os nad oedd rhywun yn rhoi gwybod eu bod yn mynd ar y bws yng Nghaernarfon dyweder, roedd y cwmni bysys yn cael

Y gwersyll Hydref 1981

Pebyll a ddefnyddiwyd
gan y bechgyn tan 1978

Adeiladu'r gwersyll
'newydd' yn 1972

Swogs dros y blynydde

Cabanau'r merched
tan 1972

Gwersyll gwaith
yn y 60au

On'd oedden nhw'n
ddyddie da?

Yr olygfa wrth gerdded i'r traeth

Pantomeim
y swogs

Swogs yn mwynhau

Y pwll nofio gwreiddiol

Ailadeiladu'r pwll
yn 1990

Adeiladu bloc yr
Hafod 1993–4

Adeiladu'r llethr sgio

HYBU CHWARAEON I BAWB
PROMOTING SPORT FOR ALL

Y llethr yn Eisteddfod 1989

②

Llethr sgio yng ngwir ystyr y gair

Dwy ferch yn ymadael i fynd i'r
ysbyty yn ystod eira mawr 1982

Huw Reynolds, Gareth Jams a
John Japheth, ar grwydr yn yr ardal
yn ystod eira mawr Ionawr 1982

Agoriad swyddogol y pwll nofio gwreiddiol yn 1974

Cynhadledd staff yr Urdd yn Llangrannog ym mis Medi 1973

Criw o swogs yn yr 80au

(Llun: Iona Llŷr)

Y ceffylau cyntaf i gyrraedd y gwersyll yn 1968

Plant a swogs y gwersyll ar y traeth yn y 60au

John Lane yn chwarae dwli

Staff y gegin yn y 60au

Criw o swogs a Robert Edgar yn y blaen

(Llun: Iona Llŷr)

Gwilym Roberts yn arwain cwrs iaith

Y siop gyntaf yn y gwersyll

T. Llew Jones yn llofnodi
llyfrau'r plant

gwybod nad oedd eisiau iddyn nhw aros yno. Dwi'n cofio cael galwad ffôn tua amser cinio ryw ddydd Gwener. Robert Edgar oedd yn galw. 'Ble mae'r bws? Rwy'n siŵr i mi ei weld yn pasio bore 'ma.' A minnau'n gorfod gwneud trefniadau wedyn i rywun fynd i fyny i'w nôl.

Un rôl a fabwysiodd Robert Edgar iddo'i hun oedd gofalu am farciau'r llysoedd, Gwynedd, Dyfed, Powys a Morgannwg. Bydde fe'n cofnodi'r marciau am yr amrywiol dasgau'n arbennig o gydwybodol a gofalus. Yna, ar y noson olaf, bydde fe'n gwneud ei araith fawr, yn cyhoeddi'r enillwyr ac yn rhoi gwobrau ac anrhegion i'r capteiniaid. Roedd hi'n amlwg mai dyma oedd uchafbwynt ei flwyddyn.

Ond un flwyddyn fe welodd rhai o'r swogs eu cyfle am hwyl digon diniwed a dyma nhw'n mynd ati i gyhoeddi pethe fel, 'Y llys cyntaf i fod yn dawel, fe gewch chi gant o farciau!' A bydde'r marciau ro'n nhw'n eu cynnig yn mynd yn fwy ac yn fwy. 'Reit, ni'n codi sbwriel, a bydd cant a hanner o farciau i'r llys sy'n codi fwyaf ... Na, ry'n ni'n newid ein meddwl! Mil o farciau!' Roedd y cyfan yn cawlio holl gynllun Robert Edgar druan, a bydde fe'n ffwndro.

Fe gollodd ei glust rywbryd. Dwi ddim yn siŵr ai damwain ynteu salwch oedd yn gyfrifol, ond beth bynnag, roedd e'n dod i'r gwersyll am flynyddoedd â chlust ffug a rhyw fath o *velcro* yn ei ddal yn sownd. Yn y dyddiau hynny, cyn yr ystafelloedd *en suite*, roedd yr ystafell ymolchi yng ngwaelod y coridor, a bydde'r swogs yn glanhau eu dannedd ac ati yn yr un lle. Y peth nesa, wrth i chi ymolchi, bydde'r glust ffug yn cael ei thynnu a'i rhoi ar y sinc wrth eich ochr. Ar ôl iddo orffen, roedd Robert Edgar wedyn yn rhoi'r glust yn ôl, a dwi'n ei gofio'n dod i frecwast sawl gwaith a'r glust wedi ei rhoi ben i waered neu'n wynebu'r ffordd anghywir!

Un arall a fu'n ffyddlon iawn i'r gwersyll dros y blynyddoedd oedd Bobby Gordon, un roedden ni'n meddwl amdano fel 'boi nofio'. Dwi'n credu 'mod i'n iawn yn dweud iddo fod yn Llangrannog bob blwyddyn ers agor y gwersyll yn 1932 nes ei farwolaeth. Roedd e'n athro yn Nyffryn Nantlle ac yng nghwmni plant bob dydd yn ei fywyd proffesiynol, ac eto roedd e'n dal i ddewis dod i Langrannog am bythefnos bob haf. Dwi'n ei gofio yn ddyn addfwyn a thawel. Ond yn ôl rhai o fy ffrindiau coleg yn y Drindod a oedd yn gyn-ddisgyblion iddo, roedd e'n athro llym dros ben.

Tan 1973 roedd y Gwersyll Haf traddodiadol a gysylltir yn hanesyddol â Llangrannog yn cael ei gynnal am ddeuddeg wythnos yn ystod yr haf. Bydde'r holl waith cynnal a chadw, felly, yn cael ei wneud yn ystod y cyfnodau 'segur'. Er mwyn helpu gyda'r gwaith o roi trefn ar y lle yn barod ar gyfer yr haf, bydde 'Gwersyll Gwaith' yn cael ei gynnal dros y Pasg. Bydde gwirfoddolwyr ifanc yn dod i lanhau'r lle'n drwyadl a gwneud pethe fel rhoi creosot ar y cabanau. Roedd y rhain yn gyfnodau eithriadol o hwyliog – gwaith caled wedi'i gyfuno â llawer o chwerthin. Yn ystod y blynyddoedd diwethaf bydde rhai o'r cyn wirfoddolwyr hyn yn galw'n achlysurol yn y gwersyll er mwyn gweld newidiadau a cherdded hen lwybrau. Dwi'n cofio dwy gyn-swog yn dod yma'n gymharol ddiweddar, a minnau'n rhoi hen albymau lluniau iddynt bori drwyddynt. Eisteddon nhw yn y ffreutur am oriau, yn hel atgofion. Mae pobl fel y rhain wedi rhoi wythnnosau lawer o'u bywyd yn wirfoddol, a hwyrach bod perygl i ni anghofio hynny.

Roedd Meds – Medwyn Williams o Sir Fôn – yn un o'r bobl ifanc hynny a roddodd flynyddoedd o wasanaeth diflino i'r gwersyll fel swog – halen y ddaear. Roedd e wedi bod yno drwy'r haf cyfan un flwyddyn, ond wedi gorfod gadael am ddiwrnod neu ddau er mwyn mynd i'w seremoni raddio neu rywbeth tebyg. Tra oedd e bant roedd cryn dipyn o salwch wedi bod yn y gwersyll – rhyw feirws neu'i gilydd – a dyma ddweud wrth Med ar ôl iddo ddod 'nôl bod yn rhaid iddo roi 'sampl' i'w ddadansoddi. Dwi'n cofio rhoi potyn jam gwag iddo gan ddweud bod y Public Health wedi bod 'ma, ac yntau'n dychryn gan ddweud o ddifri nad oedd e'n credu y gallai e lenwi'r potyn!

Un arall a fu'n gweithio yn y gwersyll am sawl haf oedd Jên Williams – Jên Dafydd erbyn hyn. Roedd ganddi geffyl du, pert o'r enw Marcus a gadwai yn y gwersyll. Cymerodd ddiwrnod bant un tro, a phan ddaeth yn ei hôl yn hwyr y prynhawn cafodd dipyn o sioc. Roedd Marcus yn edrych fel sebra, gan fod Wyn Rees, Patrick Stevens ac Aled Siôn wedi peintio streips gwyn drosto druan. Doedd Jên ddim yn bles o gwbl, fel y gallwch ddychmygu. Ond doedd neb o gwmpas i weld ei hymateb pan edrychodd ar ochr arall Marcus a gweld ei fod e'n edrych fel llewpart ar yr ochr honno – yn smotiau i gyd!

Ar hyd y blynyddoedd, mae'r swogs wedi mwynhau straeon ysbryd, os 'mwynhau' yw'r gair hefyd. Ar ôl i'r gwersyllwyr fynd i'r gwely bydde'r swogs yn caglu mewn ystafelloedd (yn y cabanau pren ar yr ochr nes iddyn nhw gael eu dymchwel) ac yn diffodd y golau. Yna, yng ngolau tortsh, bydden nhw'n rhannu straeon, a'r rheiny'n cael eu hadrodd yn ddramatig. Mae'n rhyfedd fel mae ofn a phleser yn gallu dod ynghyd.

Y Black Nun. Dyna eiriau sydd wedi peri arswyd i genedlaethau o blant, a bai Derec Brown (gynt o Hergest ac yna'r Racaracwyr) yw e i gyd. Fe ddechreuodd y stori pan oedd yn wyliwr nos ryw haf ar ddechrau'r 70au ac erbyn hyn mae hi wedi ymddangos ym mhob canolfan breswyl yng Nghymru, mae'n siŵr – mae'n lleian brysur a chynhyrchiol iawn! Mae'n gadael ei hôl mewn pin ffelt du fel arfer, yn enwedig ar byst a gwaelod gwelyau. Bydde plentyn yn mynd i'r gwely – i'r bync gwaelod – yn edrych lan a gweld rhyw neges oddi wrthi. Yn Saesneg bob tro! Ond ar ben hynny bydde brodyr a chwiorydd hŷn wedi cynhyrfu'r dyfroedd cyn iddyn nhw gyrraedd. Dyna i chi blentyn blwyddyn 6 yn mynd adre â straeon arswydus am y lleian ddu, ac yna'r chwaer fach o flwyddyn 4 yn clywed a chofio'r manylion pan ddaeth yn amser iddi hithau fynd i'r gwersyll. Roedd y Black Nun yn gallu creu hafog o dro i dro adeg noswylio.

Ond roedden ni fel staff a swyddogion yn ofalus iawn nad oedden ni'n bwydo ofergoeliaeth ac ofn y plant. Ychydig flynyddoedd yn ôl daeth Radio Cymru i ddarlledu'n fyw o'r gwersyll – un o'r cyfnodau pan oedd yr orsaf ar daith trwy Gymru – ac ro'n i'n adolygu'r papurau. Un o'r gwesteion y bore hwnnw oedd Dafydd Wyn Morgan o Dregaron a oedd yn sôn am Teithiau Twm, ei gwmni teithiau tywys newydd – teithiau o gwmpas Ceredigion yn mynd â phobl i ardal Twm Siôn Cati er enghraifft. Roedd hi'n gynnar iawn, a phrin oedd y plant oedd o gwmpas, ond dwi'n cofio arswydo pan edrychais i mas drwy'r ffenest a gweld dyn mewn clogyn du a het dri chornel ar ei ben yn cerdded drwy'r gwersyll. Roedd Dafydd wedi gwisgo fel Twm Siôn Cati, er mai rhaglen radio oedd hi! Dwi'n chwerthin nawr, ond dwi'n cofio bod yn flin iawn ag e. Ro'n i'n poeni beth fydde ymateb y plant petaen nhw wedi ei weld mor ddirybudd yn niwl y bore bach.

Fe ddychmygais i mi weld y Black Nun un tro. Roeddwn ar fy mhen fy hun yn y Gwersyll un noson yng nghanol y gaeaf, ac wrth i fi gerdded 'nôl i fy stafell ar ôl bod yn y siop, dyma fi'n gweld traed yn cerdded tuag ataf yn y coridor. Cefais lond twll o ofn nes i fi sylweddoli taw adlewyrchiad fy nhraed fy hun a welwn yng ngwydr y drws tân yn y coridor!

Mae'r gwersyll haf wedi dod i ben, fel y soniais eisoes, ond dwi ddim yn credu y bydde hi'n bosib cael cynifer o swogs i ddod i'r gwersyll i weithio'n wirfoddol bellach. Mae pobl ifanc heddiw'n gorfod gweithio dros yr haf yn aml iawn. Mae angen arian i'w cynnal yn eu cyrsiau yn y coleg. 'Nôl yn y 70au roedd cyfnod pan roedden nhw'n gallu arwyddo ar y dôl dros yr haf, ac ar yr un pryd, yn gallu mynd i wneud gwaith gwirfoddol yn un o wersylloedd yr Urdd, a chael llety a bwyd am ddim.

Myfyrwyr oedd y rhan fwyaf o'r swogs, ond roedd pobl mewn gwaith yn dod hefyd – athrawon yn bennaf. Un swog oedd yn dod yn rheolaidd oedd Lloyd James. Glöwr oedd e. Yn hynny o beth roedd e'n wahanol iawn i'r rhan fwyaf o'r swogs er mor debyg oedd ei hiwmor a'i agwedd at y plant a'r Gymraeg. Dwi'n ei gofio fe'n dod fel swog yn y cyfnod pan oedd e ar streic yn 1984. Un bore, pwyntiodd at ford, a dweud wrthon ni ei fod e fel arfer yn gweithio mewn lle cyfyng yr un uchder â'r ford honno. Roedd pawb yn edrych yn syn arno. Ac aeth yn ei flaen i ddweud y bydde hi'n cymryd misoedd iddyn nhw gyrraedd y glo ar ôl y streic, waeth bydde pethe wedi cau i fyny, fwy na thebyg.

Erbyn hyn hefyd does dim cymaint o wythnosau neu gyfnodau pan fydd y plant yn dod i'r gwersyll yn annibynnol o'u hysgolion neu eu hadrannau. Yn 2015, pan ymddeolais i o'r gwersyll, roedd tri chwrs 'agored' wedi eu neilltuo. Dyna i chi bum diwrnod yn yr haf ('cwrs joio' rydyn ni'n ei alw) ynghyd â chyrsiau pêl-droed a rygbi yn ystod hanner tymor Chwefror a Hydref. Am yr wythnosau eraill mae ysgolion, mudiadau a grwpiau yn llogi'r gwersyll, ac rydyn ni'n darparu rhaglen ar eu cyfer.

O ran trefniant, dyma o bosib un o'r newidiadau mwyaf sylweddol ym mhatrwm y gwersyll. Tan 1973, pan benderfynwyd agor y gwersyll drwy'r flwyddyn, roedd yna dri mis eithriadol o brysur yn yr haf a wedyn bydde ambell grŵp bach yn dod yn ystod gweddill y flwyddyn. Erbyn hyn, os rhywbeth, yr haf yw un o'r cyfnodau tawelaf. Mae nifer fawr o blant cynradd yn dod i'r gwersyll gyda'u hysgolion, a dyw'r plant hynny ddim yn mynd i ddod eto ym mis Awst. Bob blwyddyn ym mis Medi mae llawer o ddisgyblion blwyddyn 7 ysgolion uwchradd yn dod aton ni, yn enwedig ysgolion cyfrwng Cymraeg sydd am sefydlu patrwm ieithyddol ar ddechrau'r flwyddyn, neu sydd am hybu'r broses o ddod i adnabod ei gilydd. Does dim disgwyl i'r rheiny ddod ym mis Awst hefyd.

Tynnu coes

MAE 'NA GYMDEITHAS a chyfeillgarwch yn datblygu rhyngon ni fel gweithwyr ym mudiad yr Urdd. Yn ogystal â gweithio gyda'r staff yn Llangrannog, roedd fy swydd yn golygu fy mod mewn cyfarfodydd gyda staff yr Urdd yn genedlaethol. Bydden ni'n cwrdd yn aml i gael sgwrs a phryd o fwyd cyn y cyfarfodydd mwy ffurfiol drannoeth. Sbel yn ôl ro'n i wedi bod yn nhŷ Huw Antur, pennaeth Glan-llyn a dechreuon ni siarad. Roedd 'na griw bach ohonon ni – Dyfrig Morgan, Aled Siôn, Huw a finnau – yn ein dyblau'n chwerthin wrth hel atgofion, a nifer o staff sydd wedi bod yn gweithio i'r Urdd ers llai na deng mlynedd, neu ddim yn dod o gefndir fel swogs, yn edrych yn syn arnon ni.

Un o'r straeon hynny yw stori'r paent melyn! Cyfnod Jim a fi'n gweithio gyda'n gilydd oedd hi. Dwi'n credu 'mod i ar fy ngwylie, ac roedd gan Jim ddiwrnod bant. Roedd rhai o staff yr Urdd draw yn y gwersyll yn helpu rhedeg yr wythnos – Dyfrig Morgan, Wendy Ostler ac Alwyn (Als) Ifans. Gofynnodd Jim cyn i fi fynd a fyddwn i'n meindio petai'r staff yn mynd ati i wneud ambell farc ar y tarmac a'r llwybrau yma ac acw, er mwyn diogelwch tân ac ati. Ond erbyn i'r ddau ohonon ni ddod 'nôl roedd y tri wedi paentio bron pob lle posib â phaent melyn. Sôn am fynd dros ben llestri! Roedd yna fap o Gymru, yr wyddor, gemau o bob math – Snakes and Ladders, *hopscotch* ... Roedd y lle'n blastar o baent melyn! Digon yw dweud i mi fod yn grac ac yn flin, ond erbyn hyn mae'n destun chwerthin mawr bob tro rydyn ni'n cwrdd ac yn siarad am y digwyddiad.

Straeon eraill sy'n cael eu hatgyfodi o dro i dro yw am bersonoliaeth nid anenwog a aeth ymlaen i weithio i'r BBC ac sydd nawr yn gweithio i Gymdeithas Pêl-droed Cymru. Roedd e'n gweithio yn Llangrannog yn ystod yr haf yn ystod yr 80au pan oedd e yn y chweched dosbarth ac yn y coleg; rhywbeth y bues i fy hunan yn ei wneud, mae'n wir, ond mai yn swyddfa'r gwersyll oedd e fwyaf. Yn ystod yr haf roedd pethe gymaint yn fwy prysur bryd hynny – roedd e'n gallu bod yn gyfnod dwys iawn. Roedd y swog yma'n gyfrifol am wneud archebion bwyd a threfnu'r bysys. Roedd popeth yn mynd yn hwylus iawn fel arfer, ond efallai ein bod yn dueddol o gofio'r pethe sy'n mynd o chwith. Un diwrnod cafwyd problem gyda'r bysys. Ar y daith i lawr roedd plant y gogledd yn stopio yn Nolgellau (neu yng Nghorris yn ddiweddarach). Bydde rhai wedi teithio o'r gogledd-orllewin, o Sir Fôn, Pen Llŷn a Chaernarfon, dyweder. Bydde'r lleill wedi teithio o gyfeiriad y gogledd-ddwyrain, o Bowys a Chlwyd, er enghraifft. Yna bydde bysys T. S. Lewis, Rhydlewis, yn mynd i Ddolgellau i'w casglu nhw i gyd a dod â nhw i'r gwersyll. Y diwrnod arbennig hwn roedd y gweithiwr hwn wedi camgyfrif ac wedi anfon neges at y cwmni bysys i ddweud bod rhyw 100 o blant i'w casglu. Ond y realiti oedd bod mwy na 150 ohonyn nhw!

Buon ni'n bwyta llawer o *fish fingers* am gyfnod hefyd, diolch iddo fe. Roedd rhyw gwmni bwyd wedi ffonio i ofyn am ordor.

'Fish fingers?'

'Plis. 10 bocs,' atebodd Ian Gwyn Hughes (a dyna fi wedi datgelu ei enw!).

'10 bocs?!'

'Ie, ie.'

Roedd e'n ystyried bocs fel yr *outer*, neu'r casyn oedd yn dal nifer fawr o fagiau neu focsys llai. Ond roedd bocs yn yr achos hwn yn cynnwys deg *outer*. Credai Ian ei fod yn archebu rhyw 1,500 o fish fingers, ond mewn gwirionedd, archebwyd 15,000 ohonyn nhw! Does dim rhaid gofyn beth fuon ni'n eu bwyta am wythnosau!

Mae llawer o dynnu coes yn digwydd, a bues i'n darged sawl gwaith. Mae Huw Antur ac Aled Siôn, yn enwedig, wrth eu bodd yn meddwl am ryw driciau. Un tro, roedd staff yr Urdd mewn cyfarfod yng Nglan-llyn, ac roedden ni wedi trefnu mynd am bryd o fwyd a diod fach i'r Eagles yn Llanuwchllyn yn hwyrach y noson honno. Doedd dim arian gen i, ac fe ddywedais wrth y lleill bydde'n rhaid i mi fynd i mewn i'r Bala er mwyn tynnu arian o'r twll yn y wal.

'Falle fydda i'n hwyr yn cyrraedd,' medde fi. 'Ishe tynnu arian mas.'

'Jiw, paid â phoeni, fe gei di fenthyg arian 'da fi,' medde un ohonyn nhw.

Ond ro'n i'n daer nad o'n i am wneud hynny. Felly, fe ddywedon nhw wrtha i fod modd i fi ddefnyddio fy ngherdyn a thalu wrth y bar yn lle mynd yr holl ffordd draw i'r Bala i godi arian. Bydden i'n gallu cael *cashback* yn y dafarn.

'Chi'n siŵr, bois, bydd hynny'n iawn?'

'Wel wrth gwrs! Ry'n ni'n neud hynny'n aml!'

Ac felly y bu. Es i mewn i'r dafarn, archebu rownd o ddiodydd ac yna mynd i dalu â fy ngherdyn, a gofyn ar yr un pryd am arian yn ôl. Ond dyma'r ferch y tu ôl i'r bar yn ysgwyd ei phen.

'Mae'n flin gen i, ond dydyn ni ddim yn derbyn cardiau.'

'Ond dywedodd fy nghydweithwyr yn yr Urdd eich bod yn rhoi *cashback*.'

'Ie, wel … Dim ond i gwsmeriaid rheolaidd yn anffodus. Sori. Oes ffordd arall gynnoch chi i dalu?'

Ro'n i'n teimlo'n rêl ffŵl, ac yn dechrau ffwndro a bwyta fy ngeirie. Ac yna, sylweddolais fod Aled Siôn a Huw Antur y tu ôl i mi'n piffian chwerthin fel dau grwt drwg. Roedd hi fel pennod o'r *Brodyr Bach*! Roedd y diawled wedi ffonio'r Eagles cyn i ni gyrraedd, ac wedi rhoi cyfarwyddiadau i'r staff wrthod derbyn fy ngherdyn gan wybod yn iawn sut y byddwn yn ymateb!

Bydd y chwerthin a'r hwyl a'r tynnu coes o 'nghyfnod gyda'r Urdd yn aros gyda fi am byth.

Ar goll

Nos Iau oedd hi. Noson fwyn ym mis Medi 1997. Ro'n i gartre yn y tŷ, ac roedd hi'n dal yn olau pan ganodd y ffôn. Graham, y swyddog addysg ar y pryd, oedd yno'n rhoi gwybod i fi fod athrawon wedi ei hysbysu bod plentyn ar goll o'r gwersyll. A dyna ddechrau pymtheg awr hir, gofidus ac anodd iawn.

Yn y cyfnod hwnnw roedd pythefnos ym mis Medi'n cael ei neilltuo i ysgolion â disgyblion ag anghenion addysgol arbennig (AAA). Dechreuodd hyn yn yr Urdd o dan arweiniad pobl fel Elfed Roberts (Cyfarwyddwr yr Eisteddfod Genedlaethol wedyn) a Dafydd Miaw. Bydde ysgolion AAA yn dod yma ac yn integreiddio ag ysgolion eraill. Ymhen amser deuai llai o'r ysgolion arbennig hyn, ond roedd rhai, gan gynnwys yr ysgol AAA yn yr achos hwn, yn dal i fynd i Langrannog.

Yn naturiol, roedd yr athrawon yn poeni'n fawr. Roedd pawb yn ceisio meddwl ble allai e fod wedi mynd, yn gyrru rownd yr ardal, yn holi trigolion y pentref a oedden nhw wedi gweld rhywbeth. Bachgen 13 oed oedd Steven, ond ag oed deallusol gryn dipyn yn iau na hynny. Dwi'n cofio Enfys, fy ngwraig, yn dweud wrtha i bod yn rhaid ffonio'r heddlu yn syth a dyna wnes i. Ond cyn i'r heddlu gyrraedd, roedd y BBC ar y ffôn! Sut gawson nhw wybod, does gen i ddim syniad tan y dydd heddiw. Cyrhaeddodd dau neu dri cerbyd Achub Mynydd hefyd. Aethon ni ati i wirio pob ystafell ac yna ar ôl gwirio, cloi'r drws fel na fydde modd i unrhyw un arall fynd i mewn. Roedd cŵn chwilio o gwmpas y gwersyll. Hofrenydd. Y cwbl lot.

Roedd Owen, fy mrawd, yn newyddiadurwr a dyma'i ffonio fe am gyngor sut i ddelio â'r wasg, oedd yn cymryd diddordeb cynyddol yn y stori. Ei gyngor e oedd peidio â gwneud cyfweliad nes bod rhaid, a phan fyddwn yn barod i wneud cyfweliad, ceisio'i wneud yn fyw fel na fydde modd ei olygu.

Dwi'n cofio gwneud un cyfweliad tua dau o'r gloch y bore. Chwarae teg, roedd John Meredith, a oedd yn gohebu ar y digwyddiad, yn deg iawn â ni. Roedd e'n rhoi agwedd bositif i'r digwyddiad – gallai fod wedi paentio darlun tywyll a beirniadol o'r sefyllfa, ond wnaeth e ddim.

Buon ni'n chwilio drwy'r nos – y caeau a'r clogwyni. Roedd ambell gamera CCTV gyda ni yn y gwersyll, a phan aethon ni i astudio'r delweddau, gwelon ni fod y crwt wedi mynd lawr i gyfeiriad gwaelod y cae yn y gwersyll. Ond yn anffodus, doedd y camerâu ddim yn gallu gweld a oedd e wedi croesi'r ffens ai peidio. Gallai e fod wedi dyblu 'nôl trwy ddilyn ochr y ffens a gadael y gwersyll drwy'r fynedfa, er enghraifft. Doedden ni ddim yn gwybod beth wnaeth e. Fodd bynnag, yn ôl y prifathro (a oedd wedi dod i lawr o'r ysgol gyda mam y bachgen), petai Steven wedi mynd i lawr i waelod y cae roedd e'n eithaf sicr y bydde fe wedi mynd yn ei flaen wedyn yn hytrach na throi 'nôl. Roedd y prifathro'n ei adnabod yn dda, ac yn gwybod sut roedd ei feddwl yn gweithio, yn enwedig gan iddo fynd i 'grwydro' o'r blaen.

'Os aeth o i lawr ffor' 'na, yna i lawr ffor' 'na *mae* o.'

Aeth rhai o'r staff lawr i Aberteifi am bedwar o'r gloch y bore i nôl bara ac ati er mwyn bwydo'r holl bobl oedd yn y gwersyll yn rhan o'r chwilio. Drwy gydol y nos, wrth i'r hanes gael ei adrodd ar y cyfryngau, roedd mwy a mwy o staff y gwersyll a phobl leol wedi cyrraedd, yn cynnig cymorth.

Yna, tua 7.30 y bore canlynol, daeth neges trwodd eu bod wedi dod o hyd iddo. Roedd yr hanner munud rhwng y cyhoeddiad moel eu bod wedi ei ffeindio a'r cyhoeddiad ynglŷn â'i gyflwr yn gyfnod uffernol. Yn yr hanner munud hwnnw ro'n i'n teimlo'n sâl gyda'r tensiwn, ac roedd y rhyddhad pan glywsom ei fod yn ddigon yn anferthol.

Roedd y prifathro'n iawn. Roedd Steven wedi mynd o waelod y cae dros ddwy ffens neu gât. Lled dau gae ymhellach i'r cyfeiriad hwnnw y daethon nhw o hyd iddo. Yno ar bwys y graig, gan ei bod mor agos at y môr, roedd y gwynt wedi chwythu'r coed a'r llwyni nes eu bod yn crymu. Roedd Steven wedi gwneud nyth fach i'w hunan yng nghysgod un o'r coed hyn, a mynd i gysgu yno.

Pan ddaethpwyd o hyd iddo dywedodd ei fod *wedi* clywed pobl yn gweiddi ei enw. Roedd e'n ddigon cysurus, a diolch i'r drefn roedd hi wedi bod yn noson fwyn. Roedd ei fam yn arbennig o gefnogol i'r ysgol a'r gwersyll. Roedd ei mab wedi gwneud rhwbeth tebyg o'r blaen, ac yn y papur newydd cafwyd dyfyniad ganddi'n dweud y bydde hi'n hapus iawn iddo fynd i'r gwersyll yn Llangrannog eto.

Daeth dyn yswiriant i'n gweld ni a gofyn a oedd swyddogion iechyd a diogelwch wedi bod acw, ac a oedden nhw'n hapus. Atebais eu bod nhw wedi bod gyda ni, a'n bod yn cynnal ymchwiliad. Esboniodd fod ganddyn nhw'r grym i fynd â'r allweddi a chau'r lle'n syth petaen nhw ddim yn hapus bod trefniadau digonol yn eu lle. Ond wrth gwrs, ddigwyddodd ddim o'r fath beth, ac fe dderbyniwyd bod popeth yn ei le o ran ein gwaith gweinyddol a'n prosesau ni. Gallai'r gwersyll yn hawdd fod wedi taflu'r cyfrifoldeb ar eraill, a mynnu mai'r ysgol oedd wedi llogi'r lle, ac felly mai eu cyfrifoldeb nhw oedd yr holl fater. Ond nid felly y bu. Ni a ysgwyddodd y cyfrifoldeb, a ni yn unig a fu'n delio â'r wasg. Dwi'n argyhoeddedig bod yr holl beth wedi dod i fwcwl heb niwed i enw da'r gwersyll, a heb effaith fasnachol.

Bu'n rhaid i fi wneud rhyw bymtheg o gyfweliadau, ac roedd pob un yn weddol bositif ac eithrio un ar gyfer Radio Wales. Ces i fy herio yno a dweud y lleiaf gan un gohebydd. Pan oedd y cyfweliad drosodd roedd hi'n berson hyfryd unwaith eto, ac yn sôn gymaint roedd ei phlant ei hun wedi mwynhau yn y gwersyll pan fuon nhw yno. Eglurodd wrtha i mai ei gwaith hi oedd gofyn y cwestiynau roedd hi'n credu roedd y gwrandawyr adre eisiau atebion iddyn nhw, ac roedd yn rhaid i fi dderbyn hynny. Mae'r Urdd a'r gwersyll yn ddibynnol ar y cyfryngau am sylw, a weithiau dyw e ddim yn hollol ffafriol. Ond mae adegau eraill pan fyddan nhw'n rhoi cyhoeddusrwydd da i ni, megis pan fydd adnoddau newydd yn cael eu hychwanegu at ddarpariaeth y gwersyll. Nid yw pob 'sbin' yn mynd i fod yn bositif.

Roedd yr hanes yn newid wrth i amser fynd yn ei flaen, ac roedd y ffordd y cafodd ei gyflwyno yn y cyfryngau'n arbennig o ddiddorol, yn enwedig wrth i'r stori dyfu o fod yn stori leol i fod yn newyddion cenedlaethol. Roedd hi'n mynd yn fwy *sensational* wrth fynd o Radio Cymru i Radio 4 i Radio

2 i Radio 1. Dwi'n cofio gwrando ar Radio 1 a chlywed y cyhoeddiad dramatig, eithafol hwn:

'The young boy with special needs who went missing from an Outdoor Education Centre in west Wales has been found clinging to a rock face!'

Yn dilyn y digwyddiad hwn daeth nifer fawr o bobl oedd yn gweithio gyda phlant a phobl ifanc ataf a dweud eu bod nhw wedi cael profiadau tebyg, ond na ddaeth eu hanesion nhw i sylw'r cyfryngau. Roedd ambell blentyn wedi mynd ar grwydr yn Llangrannog o'r blaen hefyd, ond roedd achos Steven, plentyn bregus, wedi ein dychryn.

Dwi'n cofio stori am fws o'r gwersyll yn y 70au yn stopio ym Mhont Abraham ar y ffordd adre ac yna'n cyrraedd 'nôl yng Nghaerdydd, a phlentyn ar goll. Cyrhaeddodd y plentyn ychydig wedyn ar ail fws y gwersyll – roedd wedi sylwi bod ei fws e wedi mynd ac felly aeth ar y bws nesaf!

Dwi'n cofio plentyn arall yn crwydro o'r gwersyll ar ei ben ei hun hefyd. Roedd bwlch eithaf tawel rhwng dau gyfnod gwersylla, pan oedd criw yn gadael ar y bore Gwener ac un arall yn cyrraedd amser te. Bydde rhai swogs yn cyrraedd yn gynnar, neu os oedden nhw yno am bythefnos, bydden nhw'n manteisio ar y cyfle i gysgu neu i fynd allan yma ac acw yn yr ardal. Roedd un swog arbennig wedi cyrraedd yn gynnar, ond daeth â chrwt o'i ardal gydag e ar gais y rhieni, a oedd wedi mynd i'r eisteddfod yr wythnos honno. Esboniwyd wrth y swog na fydde neb yno i gadw llygad ar y bachgen, ac na fydde ganddo ddim i'w ddiddanu a dim i'w wneud.

'Dim problem', meddai'r swog, 'fe gaiff e ddarllen neu wylio'r teledu'n rhywle. Popeth yn iawn.'

Ta beth, cyrhaeddodd bws y gogledd ganol y prynhawn, ac yn fuan wedyn daeth galwad ffôn o barc carafanau rhyw dair milltir i fyny'r hewl, yn dweud bod plentyn gyda nhw fan 'ny a'i fod e wedi 'rhedeg bant' wrthon ni. Stori'r bachgen oedd bod plant y gogledd wedi cyrraedd ac wedi bod yn gas wrtho, a'i fod e wedi cael llond bola, a cherdded draw i'r parc gwyliau hwn, lle roedd yn aros gyda'i deulu'n rheolaidd. Dyma fynd draw yno, ond roedd y bobl yn y maes carafanau'n gyndyn iawn i adael iddo ddod gyda fi, gan fynnu nad oedden ni'n edrych ar ei ôl yn iawn. Ond fel yr esboniais, roedd y rhieni'n meddwl ei fod e gyda ni, a ni oedd yn gyfrifol amdano. Bryd hynny, cyn oes ffonau symudol, doedd hi ddim yn hawdd cysylltu â rhieni os oedden nhw wedi mynd i ffwrdd – i'r Eisteddfod Genedlaethol yn yr achos hwn. Felly daeth e 'nôl gyda fi ac fe wnaethon ni'n gorau i'w wneud yn gysurus a bodlon.

Roedd y camerâu CCTV wedi bod yn allweddol wrth chwilio a dod o hyd i Steven, y bachgen ifanc ag anghenion arbennig a aeth ar goll, ac roedd pawb yn gwerthfawrogi hynny. Ers hynny mae llawer mwy wedi eu gosod. Mae'r camerâu yno er mwyn diogelwch bugeiliol y plant, wrth gwrs. Nid mater o'r Brawd Mawr yn gwylio yw hi, ond maen nhw'n ddefnyddiol pan fydd plentyn yn dweud bod eiddo wedi mynd 'ar goll', neu os byddan nhw'n cyhuddo eraill o wneud annibendod yn eu hystafelloedd. Fel rheol y plant eu hunain sydd wedi anghofio ble maen nhw wedi rhoi rhywbeth, neu bydd yr annibendod wedi ei wneud gan rai o'r plant sy'n aros yn yr ystafelloedd.

Mae camerâu yn y ddau fan lle mae modd dod i mewn ac allan o'r gwersyll. Mae nifer o flociau a drysau allanol, ond mae pob bloc cysgu wedi'i gloi yn y nos, er ei bod yn bosib eu hagor o'r tu fewn am resymau diogelwch. Ar y dechrau, pan adeiladwyd y blociau cysgu newydd, dwi'n cofio trafod gyda'r pensaer nad oedden ni eisiau i'r plant allu cloi ystafelloedd o'r tu fewn. Maen nhw wedi eu cynllunio, felly, fel bod modd cloi a datgloi ystafelloedd o'r tu fewn ac o'r tu allan – er mwyn diogelwch tân ymhlith rhesymau eraill.

Plant bregus

Rydych chi'n caledu i rai pethe. Ond sai'n credu eich bod chi byth yn caledu i glywed stori am gefndir trist plentyn. Yn ddiweddar roedd plentyn yn y gwersyll â marciau ar ei fraich oedd yn debyg i losgiadau sigarét. Oherwydd y gweithdrefnau sydd yn eu lle, roedd rhaid i'r athrawes roi gwybod i'r Swyddog Amddiffyn Plant yn yr ysgol. Y dyddiau hyn mae systemau'n ein cefnogi. Mae pethe'n gliriach ac yn dynnach nag y buon nhw erioed. Flynyddoedd yn ôl, pan lunion ni'n polisïau gyntaf, doeddech chi ddim i fod i ddweud dim wrth y prifathro rhag ofn mai problem yn gysylltiedig â'r ysgol oedd hi. Ond nawr, rydych chi'n cysylltu â Swyddog Amddiffyn Plant yr ysgol ar unwaith. Rydyn ni'n gwybod nad ein lle ni yw datrys y broblem, ond bod angen ei chyfeirio i'r lle priodol. Mae'n rhyfeddol, o ystyried yr holl blant sy'n mynd i'r gwersyll, cyn lleied o broblemau sy'n dod i'r wyneb, cyn lleied o ddamweiniau difrifol sy'n digwydd. Mae'n siŵr bod hyn yn glod i'r systemau bugeiliol sydd yn eu lle yn yr ysgolion.

Roedd un plentyn wedi cael cwt ar ei throed cyn dod aton ni yn y gwersyll, ond heb fynd i weld y doctor. Erbyn hyn roedd y cwt wedi troi'n ddrwg ac roedd angen antibiotics arni. Roedd hyn ar y dydd Iau. Fe ddywedais i wrth yr athrawon bod yn rhaid iddi fynd o'r gwersyll yn syth i gael yr antibiotics neu fod yn rhaid i'w rhieni fynd â hi cyn gynted ag y bydden nhw'n cyrraedd adre drannoeth. Roedd yr ysgol yn gwybod hwyrach na fydde'r rhieni'n trafferthu mynd â hi. Roedden nhw'n gwybod beth roedd yn rhaid ei wneud am eu bod yn adnabod eu plant yn dda.

Ond weithiau mae pethe'n fwy cymhleth o ryw ychydig. Rai blynyddoedd yn ôl daeth swog i ddweud wrtha i am blentyn nad oedd yn edrych ymlaen at fynd adre ar y nos Iau oherwydd bod Mam a Dad yn cwympo mas drwy'r amser, a doedd hi ddim yn gallu wynebu hynny eto. Bob tro pan fydde hi'n mynd i'r gwely roedd hi'n eu clywed nhw'n gweiddi ar ei gilydd. Doedd hi ddim yn gallu dweud wrth 'syr' yn yr ysgol am mai fe oedd ffrind gorau ei thad. Beth mae rhywun yn ei wneud? Petaen ni'n troi cefn ar y peth, efallai ymhen rhyw ddwy flynedd bydden ni'n darllen stori drist am y groten ifanc, felly ffoniais i'r Gwasanaethau Cymdeithasol yn Aberaeron. Y cyngor gan y wraig (oedd ag acen Birmingham, gyda llaw) oedd rhoi rhif Childline i'r ferch, a chysylltu â'r Gwasanaethau Cymdeithasol yn ei hardal hi yn y de-ddwyrain hefyd. Fe wnes i hynny. Yn ddiddorol, ces i sgwrs Gymraeg gyda'r gweithiwr cymdeithasol fan 'na. Rhyfedd o fyd.

Plentyn anhapus, plentyn wedi cael dolur, plentyn yn sâl – dydych chi byth yn caledu i bethau fel hynny. Mae'n ofynnol i bawb sy'n ymwneud â phlant mewn unrhyw ffordd gael eu sgrinio bellach, wrth gwrs. Buon ni'n gwirio ein staff yn Llangrannog flynyddoedd cyn yr archwiliadau CRB a DBS. Archwiliadau'r heddlu oedden nhw'n wreiddiol, ac yna bu'r sir, sef Ceredigion, yn eu gwneud nhw i ni. Rhywbeth gwirfoddol oedd hyn. Flynyddoedd yn ôl gofynnwyd i fi a oedden ni'n delio â phlant anabl yn y gwersyll, a finne'n dweud ein bod ni. 'Bydde'n syniad da petaech chi'n gwirio staff, 'te,' meddai'r person. A dyna a wnaed. Mae Polisi Amddiffyn Plant yr Urdd yn parhau i fod yn flaenoriaeth, ac mae'n cael ei ddiweddaru a'i addasu yn rheolaidd.

Yn iach ac yn glaf

ROEDD CAERDYDD yn teimlo'n bell i fwrdd 'nôl yn y cyfnod pan ddechreuais i yn y gwersyll yn Llangrannog. O ran amser teithio, roedd e wir *yn* bellach nag yw e nawr. Bydde un grŵp o blant yn gadael y gwersyll am 10.00 y bore, ond fydde'r bysys ddim yn cyrraedd 'nôl i'r gwersyll gyda grŵp newydd tan tua 7.00 yr hwyr. Mae'r M4 wedi hen gyrraedd erbyn hyn, wrth gwrs, ac mae ffordd osgoi Llandysul wedi bod yn wych o safbwynt y gwersyll fel busnes. Mae'n bwrw rhyw 20 munud oddi ar y daith o Bont Abraham i Langrannog.

Mae rhai plant yn dal i ddod oddi ar y bws yn llwyd eu gwedd ar ôl teithio'n hir. Salwch teithio sy'n gyfrifol yn amlach na pheidio a bydd y gwrid yn dod 'nôl i'w bochau yn fuan iawn. Ond weithiau mae ambell un yn cyrraedd â rhyw salwch neu 'fyg', a dydy hyn ddim yn amlwg ar unwaith. Pan fydd plant yn dod i'r gwersyll â rhywbeth fel y *novovirus*, sy'n golygu bod ganddynt stumog tost a'u bod yn chwydu llawer, bydd y feirws yn lledu fel tân gwyllt drwy'r gwersyll. Bydd rhywun yn cyrraedd ddydd Llun, ac erbyn y dydd Mawrth, bydd dau neu dri arall yn sâl. Erbyn y dydd Mercher, hwyrach y bydd 25 o blant yn sâl! Mae'n debyg mai tywydd mwyn, llaith mae'r *novovirus* yn ei hoffi – dydy e ddim yn hoffi tywydd oer, felly mae'n rhaid agor drysau a ffenestri a gostwng y gwres canolog rywfaint er mwyn lladd effaith y feirws. Rhyw 24 awr mae'r effaith yn para ar yr unigolyn – y lledu yw'r broblem. Roedd sefyllfa'n codi weithiau pan fydde plant yn mynd adre ac yn mynd yn sâl bron yn syth, a bydde'r rhieni'n clywed bod ffrindiau eu mab neu eu merch hefyd yn chwydu. Ymateb naturiol rhieni, efallai, yw meddwl am wenwyn bwyd, ond wrth gwrs nid dyna yw e o gwbl. Does dim un achos o wenwyn bwyd wedi bod yn y gwersyll erioed. Y drefn oedd ein bod ni'n hysbysu'r rhieni ein bod wedi cysylltu â'r Adran Iechyd Cyhoeddus Lleol yn ardal y plant i ddweud bod 'byg' wedi bod yn y gwersyll. Bellach, mae llythyr yn mynd adre gyda phob plentyn yn esbonio'r sefyllfa hefyd. Rhaid gwneud hyn i'n hamddiffyn ein hunain.

Am flynyddoedd, yn ystod cyfnod yr hen wersyll haf, bydde meddyg lleol yn galw yn y gwersyll bob dydd ac yn cynnal syrjeri. Roedd hi'n olygfa gyffredin gweld twr o blant yn aros i'w weld. Ydy pobl yn iachach heddiw? Go brin. Neu a oedd y ffaith ei fod yno yn y lle cyntaf yn sbarduno'r plant i fynd i gwyno am ryw anhwylder neu'i gilydd? Yn ddiweddarach, bydde rhywun yn cael bola tost neu ryw feirws ddwywaith yr wythnos, a bydden ni'n eu hanfon at y doctor. Ond sai'n gwybod pryd ddanfonon ni rywun at y doctor ddiwethaf. Yn sicr, mae'n llawer mwy anghyffredin erbyn hyn. Tybed a ydy'r ffaith bod plant yn dueddol o ddod i'r gwersyll gyda'u hysgolion a'r staff yn adnabod y plant yn dda, wedi cyfrannu at y peth? Dwi ddim yn siŵr. Neu ai am nad ydyn nhw'n dod i aros am gyfnodau mor hir bellach?

Pan adewais i roedd y gwersyll yn dal i gyflogi nyrs, ond dim ond ar y cyrsiau hynny pan fydde plant yn dod i aros yn 'annibynnol'. Ta beth, roedd pedair neu bump ohonynt yn dod aton ni yn eu tro. Un o'u dyletswyddau oedd sicrhau bod plant oedd yn cael meddyginiaeth reolaidd yn ei chael ar yr amser iawn. Tabledi dair gwaith y dydd ar ôl bwyd, efallai. Moddion cyn bwyd. Cymryd pwmp asthma cyn mynd i'r gwely.

Un tro, ar ddiwedd y 70au, ro'n i o gwmpas ar adeg noswylio'r plant a dyma fi'n gweld rhes enfawr y tu allan i ystafell y nyrs, ciw dipyn yn hirach na'r arfer. Ro'n i'n methu'n lân â deall beth oedd yn mynd ymlaen. Sut yn y byd oedd y ciw mor araf yn symud? Felly mewn â fi. A dyna lle'r oedd y nyrs, yn gwerthu tocynnau raffl ar ran rhyw fudiad lleol neu'i gilydd i bob plentyn yn ei dro cyn eu bod nhw'n cael eu meddyginiaeth!

Roedd nyrs arall, yn y cyfnod cyn i fi ddechrau yn y gwersyll, yn honni ei bod yn gallu synhwyro pan fydde rhywun yn dioddef o *appendicitis*. Roedd hi'n argyhoeddedig bod rhyw wynt arbennig ar anadl y dioddefwyr a'i bod hi'n ei adnabod. 'Rwy'n gwbod beth sy'n bod arnoch chi,' bydde hi'n ei ddweud. Dywedodd un meddyg wrthyf i ei fod wedi cyfeirio aml i blentyn i'r ysbyty dim ond er mwyn rhoi taw arni. Ar ôl iddi hi adael mae'n rhyfeddol fel y bu gostyngiad yn y nifer o blant a gafodd dynnu eu hapendics!

Yn y 1930au, yn ôl un gŵr a fu'n aros yn y gwersyll bryd hynny, roedd gan y staff ffordd o gadw plant yn iach cyn i broblemau godi. Roedd y tai bach bryd hynny yn gyntefig – yr un math o dai bach â'r cytiau oedd ar waelod yr ardd mewn sawl cartref yng Ngymru, sef mainc bren â thwll ynddi. Bydde'r staff yn cadw golwg ar bethau, a phan welwyd bod rhai o'r plant yn ymddangos yn rhwym, penderfynwyd bod angen gweithredu. Felly, cyn brecwast ganol yr wythnos y bu'r gŵr yn aros yn y gwersyll, bu'n rhaid i'r plant aros mewn rhes a chael eu gorfodi i gael llwyaid o *cod liver oil* a chasgara (stwff tywyll, annymunol iawn oedd yn gwneud i bethau 'symud'). Bydde rhieni a phlant heddiw yn bendant wedi gwrthwynebu'r fath gamau.

Ond o ran damweiniau, mae cysylltiad agos iawn rhwng staffio gweithgareddau a nifer yr anafiadau. Mae'r ffaith fod 'na gynnydd yn nifer y staff sydd wedi eu hyfforddi a ffactorau iechyd a diogelwch yn sicr yn esbonio pam mae llai o ddamweiniau erbyn hyn.

Ond wrth gwrs, *mae* damweiniau'n digwydd. Ar gwrs Calan i'r Teulu torrodd Carys, fy chwaer-yng-ngyfraith, ei choes ar y llethr gwibgartio. Dwi'n ei chofio mewn poen mawr, ond yn becso llawn gymaint bod ei bŵts newydd sbon wedi gorfod cael eu torri i ffwrdd! Bu'n rhaid mynd i'r ysbyty yn yr ambiwlans, a dyma Dudley Newbery, a oedd hefyd yn aros yn y gwersyll, yn mynd gyda hi tra oedd ei gŵr, Huw Bala, yn dilyn yn y car. Ionawr y cyntaf oedd hi, a bu'n noson fawr y noson gynt. Gorfu i Dudley ofyn i'r gyrrwr ambiwlans arafu gan ei fod e'n teimlo'n sâl ar y ffordd! Ar ôl cyrraedd wedyn, dyma'r dynion ambiwlans yn gofyn am ei lofnod er mwyn ag e adre at eu gwragedd cyn bod Carys druan yn cael dod o'r ambiwlans.

Tywydd garw

Y**N LLANGRANNOG** rydych chi'n gwybod, os daw eira daw problemau. Os yw plant wedi cyrraedd ar ddydd Llun, ac eira'n dod y noson honno, rydych chi'n poeni sut i gael y staff i mewn fore Mawrth i'w gwasanaethu nhw. Nes ymlaen, byddwch chi'n poeni ynghylch cael y staff a'r plant adre. Gallech chi gael sefyllfa lle mae gennych 300 i mewn ar y penwythnos a phopeth yn iawn, ond mae'n bwrw eira ar y dydd Llun a'r criw nesaf yn methu dod. Rhyw ddwy neu dair blynedd yn ôl daeth eira mawr, ond doedd fawr neb i mewn yn y gwersyll ar y pryd. Roedd hi'n dawel iawn. Dyma'r staff yn ffonio wedyn ac yn gofyn beth ddylen nhw ei wneud. Ro'n i'n gofyn i mi fy hun a oedd gwir angen i'r staff deithio i'r gwaith a'r ffyrdd yn beryglus dros ben. Penderfynais gau'r gwersyll a dweud wrth y staff nad oedd angen iddynt ddod i mewn y diwrnod hwnnw. Cefais fy holi oddi fry wedyn pam o'n i wedi gwneud hyn. Y ffordd ro'n i'n ei gweld hi oedd bod staff gyda ni, ond doedd neb braidd yn aros fel gwesteion. Ro'n i'n gwybod yn iawn pe tai pobl yn aros, y bydde'r staff wedi gwneud ymdrech. Bydden ni wedi cwrdd â nhw ar y ffordd fawr a'u cael i mewn rywsut. Ond fy agwedd i yn yr achos hwn oedd nad oedd pwynt eu tynnu i mewn, a'r ffyrdd yn beryglus, pan nad oedd gwir angen hynny. Efallai ymhen y mis y bydde hi'n bwrw eira eto, a byddwn i angen i'r staff ddod i'r gwaith, a bydden nhw'n meddwl, 'Mae'n gwir angen ni nawr, ond fis yn ôl doedd dim wir ein hangen ni.' Mae'n rhaid ceisio bod yn rhesymol a chall. Weithiau bydd yr eira'n dod ac yn creu trafferthion mawr iawn ...

Am nifer o flynyddoedd bu'r Urdd yn rhedeg cyrsiau Calan – cyrsiau Gloywi Iaith ar ddechrau Ionawr ar gyfer y disgyblion oedd yn gwneud Lefel O Cymraeg ail iaith. Roedden nhw'n dod tua'r ail neu'r trydydd o Ionawr. Roedd eira trwm wedi disgyn cyn Nadolig 1981 pan nad oedden ni'n gallu symud am ddau neu dri diwrnod, ond roedd hwnnw wedi clirio'n go lew. Yna cynhaliwyd y cwrs Calan ar y dydd Llun tan y dydd Gwener yn y flwyddyn newydd. Ar y nos Iau daeth yffach o storm, ac erbyn i ni godi bore trannoeth, ar y diwrnod roedden nhw fod i adael, roedd troedfeddi a throeddfedi o eira a neb yn gallu symud. Roedd 120 o bobl ifanc, swogs ac athrawon yn styc yn y gwersyll ac yn methu mynd adre. Daethon ni i ben â'u cael nhw o 'na'r dydd Iau wedi hynny! Ond hyd yn oed bryd hynny bu'n rhaid cerdded dwy filltir i'r hewl fawr ym Mhentregât. Doedd y bysys ddim wedi gallu dod yn agosach na hynny i'r gwersyll gan fod yr eira mor drwchus. Bu'n rhaid i ni hebrwng y bobl ifanc lan o'r gwersyll ar droed, a finne ar y blaen fel rhyw Sherpa, a thractor a threlar o'r ffarm yn mynd â'u bagiau nhw lan i'r hewl fawr.

Ond yr hyn oedd wedi bod yn fwy heriol fyth oedd bod dwy ferch ar y cwrs oedd yn epileptig. Erbyn y dydd Gwener, pan oedden nhw'n disgwyl mynd adre, doedd dim meddyginiaeth ar ôl ganddyn nhw. Roedden nhw wedi dod â dim ond digon o dabledi am y pedair noson. Roedd y llinellau ffôn i lawr, doedd dim ffordd o gyrraedd meddygfa, a doedd dim posib cyfathrebu ag unrhyw un yn y ffyrdd arferol. Ond roedd Radio'r Werin, neu Radio CB, yn boblogaidd iawn yn 1982, ac fe wyddwn i am rywun yn y pentre oedd â radio CB ganddo. Dyma gerdded lawr i Langrannog i'w weld, ac fe anfonodd e neges – rhyw fath o SOS i'r sawl oedd yn gwrando – yn esbonio'r argyfwng. Clywodd rhywun yng Ngheinewydd y neges, a chael neges wedyn at ddoctor, yn dweud bod dwy ferch yng ngwersyll yr Urdd heb feddyginiaeth epilepsi. Roedd y meddyg yn digwydd gwybod am rywun yn y pentref oedd yn dioddef o epilepsi hefyd. Roedd e ar feddyginiaeth ychydig bach yn wahanol i'r merched, ond dywedodd y doctor bydde hi'n syniad i'r merched drio'r tabledi. Gwell hynny na'u bod heb feddyginiaeth o gwbl, ac roedd y meddyg yn gobeithio bydde'r tabledi'n gwneud y job o reoli'r epilepsi. Roedd hyn dros y penwythnos, ond erbyn y dydd Llun, roedd yn amlwg nad oedd y feddyginiaeth yn addas neu'n ddigonol, ac roedd y ddwy ferch yn dechrau cael ffitiau. Roedd y llinellau ffôn wedi eu hadfer erbyn hyn, a bu'n rhaid i ni gysylltu i gael hofrenydd i'r gwersyll i'w cludo oddi yma i gael gofal meddygol.

Ond roedd hi'n beth da bod y disgyblion oedd yn aros gyda ni ychydig yn hŷn na'r plant arferol oedd yn dod i'r gwersyll. Disgyblion 15 ac 16 oed a oedd yn nosbarth pump (blwyddyn 11 erbyn hyn, wrth gwrs) oedden nhw. Roedden nhw'n llawer mwy abl i ddifyrru eu hunain pan roedd angen. Yn wir, roedd dau ohonyn nhw wedi difyrru eu hunain ychydig yn ormod! Ychydig iawn ohonon ni oedd yn gyflogedig yn y gwersyll ar y pryd, a bydde Japheth a finne'n codi'n gynnar iawn i weld bod popeth yn iawn, yn enwedig yn y cyfnod yma o eira. Un bore ro'n i'n cerdded y coridorau ac fe ddaeth merch mas o goridor y bechgyn. O'i herio, fe ddywedodd wrtha i ei bod newydd gael cawod a'i bod wedi mynd i fenthyg sychwr gwallt! Hmm … Wrth iddi gerdded i ffwrdd, gallwn weld bod ei gwallt yn sych, a doedd dim sôn am sychwr gwallt!

Y diwrnod pan lwyddon ni i drefnu bod pawb yn gallu gadael roedd pawb wedi ymgynnull yn y neuadd gyda'u bagiau, ond roedd dau ddisgybl ar goll – un bachgen ac un ferch. Aeth un o'r athrawon i chwilio amdanyn nhw, ond fe fuodd e oesoedd cyn dod 'nôl. Pan gyrhaeddon nhw o'r diwedd, fe welais mai'r un ferch a welais i yn y coridor rai dyddiau ynghynt oedd hi. Dyma fi'n troi at Japheth a sibrwd hynny wrtho – roedd e'n gwybod y cefndir yn barod. Pan gerddodd y bachgen heibio i Japheth wedyn, dyma fe'n ei stopio a dweud wrtho ei fod yn gwybod popeth ac y dylai'r crwt roi ei fersiwn e nawr, neu bydde fe mewn mwy o drwbwl. Roedd y ffaith ei fod yn gyn blismon siŵr o fod wedi helpu ei dechneg! Dyma'r cyfaddefiad yn llifo mas, ac fe gafwyd pob manylyn. Ro'n inne'n meddwl, 'Plis stopia nawr, dy'n ni ddim yn gwbod unrhywbeth mewn gwirionedd …' Yn sicr, roedd gan Japheth y gallu i wybod hanner neu chwarter stori ac yna tynnu'r manylion i gyd allan ohonoch chi.

Roedd cyfnod eira Ionawr 1982 yn gyfnod heriol a dweud y lleiaf. Roedden ni'n poeni y bydde'r cyflenwad dŵr a'r tapiau'n rhewi, felly dyma fynd ati i adael i'r tap yn un o'r tai bach i redeg drwy'r nos er mwyn osgoi pibau'n byrstio, ac ati. Ro'n i wedi dweud wrth sawl un pam 'mod i'n gwneud hyn, ond yn anffodus do'n i ddim wedi dweud wrth bob un. Wrth gwrs, roedd un person 'call' wedi cau'r tap gan feddwl ei fod e neu hi yn gwneud rhyw gymwynas fawr. Erbyn y bore wedyn roedd y pibau i gyd wedi rhewi'n gorn.

Doedd dim trydan gennym chwaith, ac roedd hynny'n amlwg yn broblem ofnadwy. Roedd un generadur bach gyda ni, ond doedd e ddim yn gallu cynhyrchu llawer o bŵer. Trwy lwc, nwy oedd yn rhedeg llawer o bethau yn y gegin – y ffwrn, ac ati. Ond roedd y staff yn gorfod dechrau paratoi bwyd yn gynnar cyn iddi dywyllu, neu fydden nhw ddim yn gweld beth roedden nhw'n ei wneud! O ran goleuo'n gyffredinol, yn ffodus roedd lampiau Tilley gyda ni ers yr hen ddyddiau. Doedden nhw ddim wedi eu taflu, diolch i'r mowredd. Heb y rhain bydden ni wedi bod mewn tywyllwch o bedwar y prynhawn ymlaen. Ond er hyn, doedd dim digon ohonyn nhw.

Roedd oergell anferth yn y gegin, ond oherwydd y toriad trydan doedd hi ddim yn gweithio. Bydde hi'n cadw'r bwyd yn oer am gyfnod hir – ac roedd digon o fwyd ar gael – ond wrth gwrs, roedd rhaid agor a chau'r drysau er mwyn mynd at y bwyd, felly roedd pethe'n mynd i doddi. Yn y rhewgell roedd y cig, er enghraifft. Aeth y trydan bant ar y nos Iau pan ddaeth yr eira, ac erbyn y dydd Sul roedden ni'n poeni go iawn, gan nad oedd y trydan wedi dod 'nôl, a bydde hyn yn effeithio ar y bwyd. Felly, dyma gael y syniad o gladdu'r bwyd yn yr eira tu allan i'w gadw'n oer. Roedd lluwch eira anferth y tu fas i'r gegin ond roedd hwnnw'n galed fel concrit erbyn hynny. Fe fuodd Dai a finne drwy'r prynhawn – am dair awr galed – yn palu a chloddio i mewn i'r eira ac yn claddu'r bwyd nes ein bod yn chwys stecs. Dyma fynd mewn i'r gegin wedyn ar ôl gorffen, i ymlacio a chynhesu. Eistedd yn fodlon. Teimlo'n bles â ni ein hunain. Ac ar y gair, dyma'r trydan yn dod 'nôl! A mas â ni wedyn i gasglu'r bwyd a'i roi e 'nôl yn y rhewgell! Aaaaaa!

Roedd fy mrawd Owen wedi galw draw ar y nos Iau i'n gweld, ac yn aros y noson honno. Ond fe gyrhaeddodd yr eira dros nos a bu Owen gyda ni wedyn am yr wythnos, yn methu mynd adre. Ond yr wythnos honno yn Llangrannog y cyfarfu â Rhiannon ei wraig, ac mae'r gweddill yn hanes ...

Mae lluniau gen i o bobl yr ardal yn cerdded o gwmpas yn yr eira ag arwyddion ffyrdd wrth eu pengliniau. Ond yr hyn oedd yn ddiddorol oedd bod y caeau'n dal yn wyrdd mewn mannau. Y lluwchio oedd y broblem, a waliau uchel iawn o eira yma a thraw.

*   *   *

Ar ôl tynnu'r hen gabanau pren i lawr yn y 70au fe brynodd Japheth dair carafán statig a'u rhoi o flaen y gegin. Y syniad oedd cael mwy o leoedd cysgu ar gyfer y swogs. Y staff haf oedd yn cysgu fan hyn, ac ro'n i wrth gwrs yn un ohonynt. Un noson ro'n i'n gorwedd yn fy ngwely a dyma ddeffro'n sydyn gan i fi glywed rhyw grash. Roedd y garafán yn ysgwyd, a storm ofnadwy yn rhuo o 'nghwmpas. Dwi'n cofio edrych lan a meddwl i fi weld y lloer a'r awyr yn ddu uwch fy mhen! Ond yn y bore, roedd popeth fel y bu a llwyddais i fy argyhoeddi fy hun fy mod wedi dychmygu'r cyfan, wedi breuddwydio'r holl beth. A dyna i gyd fuodd.

Ond ryw bedwar neu bum niwrnod ar ôl hynny, ar ryw brynhawn stormus arall, roedd Dai Jenkins yn mynd am adre ac yn cerdded i lawr lôn y gwersyll, a dyma fe'n gweld to carafán yn hedfan o'i flaen dros ben clawdd a glanio ar yr hewl o'i flaen. To'r garafán lle ro'n i wedi bod yn cysgu oedd e! Fel dywedodd Dai, petai e wedi mynd adre ryw ddeg eiliad ynghynt, fydde fe ddim wedi bod yn fyw. Testun diolch. Ond ro'n i *wedi* gweld y lloer rai nosweithiau ynghynt felly, a tho'r garafán wedi dod yn rhydd a chodi fel clawr bocs cyn cau eto.

Yn fwy diweddar trawyd y gwersyll gan storm arall, corwynt y tro hwn – rhyw fath o *dornado*. Daeth e dros y bryn, i lawr y llethr sgio, taflu stwff dros y lle i gyd a mynd â hanner teils y caban sgio. Cydiodd mewn dafad a'i thaflu o un cae a'i rhoi mewn cae arall! Roedd popeth yn siang-di-fang mewn un lle, ond ychydig droedfeddi i ffwrdd doedd dim byd wedi symud. Doedd dim byd wedi dioddef yn y pentref nac yng ngweddill y gwersyll. Roedd pobl leol wedi ei weld e mas dros y môr ac yn dod tuag at y tir. Gallen nhw ei weld yn symud dros Ynys Lochtyn. Ychydig dros y bryn o'r gwersyll fan hyn cododd y gwynt ddau gynhwysydd dŵr mawr a'u taflu nhw dros y graig.

Dro arall, cafodd Dai a fi ein hela lan i ganolfan a oedd gan yr Urdd yng Nghwm Croesor ar y pryd. Roedd hi yn y broses o gael ei chau, ac roedd angen ei gwagio. Roedd Dai a fi dan ordors i ddod â hen le tân oddi yno i'w ddefnyddio yn yr ystafell sychu. Roedd hi'n ganol gaeaf, a doedd dim syniad gan y ddau ohonon ni am y tywydd yno – erbyn i ni gyrraedd, roedd 'na ddwy droedfedd o eira ar lawr yng Nghwm Croesor.

Aethon ni'n sownd yn yr eira ar y ffordd at y cwt a bu'n rhaid i ni gael ffarmwr lleol i'n tynnu'n rhydd yn ei dractor. Fe ddychwelon ni heb gwblhau ein taith, ond aethon ni i nôl y tân yn nes ymlaen ar ôl cael gwybod bod yr eira wedi cilio. Ac ar ôl yr holl ffys a ffwdan o fynd i nôl y tân hwnnw, dwi ddim yn credu iddo gael ei gynnau unwaith yn Llangrannog!

Croeso, busnes a buddsoddi

YR HYN RO'N I'N EI WNEUD, a Jim o mlaen i – ac yn wir fel mae Lowri'n ei wneud nawr, mae'n siŵr – yw adeiladu ar y seiliau a osododd Japheth fel pennaeth a Winnie yn y gegin, sef cynnig llond lle o groeso a llond bola o fwyd da. Mae popeth arall jyst yn cwympo i'w le wedyn. Ac rydych chi'n trio trin pobl fel y byddech chi'n dymuno cael eich trin eich hunan. Os oeddech chi'n gweld plentyn bach yn llefen, roeddech chi'n meddwl, 'Howld on, os mai Guto neu Cadi oedd y plentyn, sut fydden i moyn i rywun eu trin nhw?'

Bydde John Lane yn treulio wythnosau lawer yn Llangrannog fel rhan o'i ddyletswyddau. Roedd e'n briliant. Roedd ganddo fe empathi arbennig â phlant bregus ac roedd e'n barod i dreulio oriau ac oriau'n siarad â phlant hiraethus, ac yn eu cynghori a'u hannog. Bydde fe'n mynd â nhw lawr i ben yr heol a rhoi braich gyfeillgar o'u cwmpas. Petai hynny'n digwydd nawr, bydde rhywun yn codi cwestiynau ac efallai'n ei reportio. Ond yn y gwersyll, doedd neb yn cael y cyfle i fod ar eu pen eu hunain neu allan o olwg eraill. Y peth cyntaf mae plentyn moyn pan fydd e wedi cael dolur yw ychydig o gysur, yn enwedig pan nad yw Mam neu Dad yno.

Ond does braidd neb yn aros am wythnos gyfan nawr – pum noson ar y mwyaf. 'Nôl yn y 70au a'r 80au byddai John

Lane yn galw dydd Mawrth yn 'hump day' oherwydd dyna oedd hanner ffordd yr wythnos. Wedi i ni fynd dros y bryncyn neu'r 'hump', roedd hi'n daith lawr rhiw wedyn tan y dydd Gwener pan fyddai pawb yn gadael. Dan y drefn fel yr oedd hi, byddai plant yn cael rhyw ail wynt bryd hynny ar ôl blino yn y canol.

Ro'n i'n dweud wrth y staff, os oedd plentyn yn dod atyn nhw yn dweud ei fod wedi colli 10 ceiniog yn y peiriant losin, nad oedden ni i wybod a oedd y plentyn hwnnw wedi bod yn ishte tu fas am hanner awr yn magu digon o hyder i ddweud wrthon ni. Y peth diwethaf fydde fe moyn oedd clywed rhywun yn dweud 'Tyff.' Felly, bydden ni'n dweud, "Co ti – 10 ceiniog 'nôl.' Efallai fod rhai plant yn hyderus ac yn ewn, ond i blant sydd oddi cartref am y tro cyntaf mae'r pethe lleiaf yn gallu achosi pryder, hyd yn oed rhywbeth mor syml â phryd dyle fe newid ei ddillad.

Mae gŵr fy nghyfnither Olwen, Barry Guest, yn ddyn busnes yn Lloegr sy'n cyflogi dros fil o bobl, a phan ddechreuais i fel Pennaeth y Gwersyll yn Llangrannog gofynnais iddo am gyngor. Mae ei eiriau wedi aros gyda fi. 'It's simple,' meddai, 'you treat other people as you'd like to be treated yourself.' A wedyn dyma fe'n oedi cyn ychwanegu, 'But remember – don't let them walk all over you either.' Mae cydnabod pobl, bod yn serchog a dangos diddordeb yn eich staff yn bwysig. Ac fe fues i'n lwcus hefyd o'r dirprwyon a fu'n gweithio gyda fi – Wyn Rees, Eurfyl Reed ac ers 2006 Lowri Jones, sydd bellach yn Gyfarwyddwr y Gwersyll, wrth gwrs.

Dywedodd un athro o Senghennydd wrtha i ychydig flynyddoedd yn ôl, 'Bues i'n dod am flynyddoedd gyda'r plant, a bob tro pan fydden ni'n dod, byddech chi i gyd mor falch i'n gweld ni. Roedden ni'n teimlo ein bod ni'n arbennig. Ac fe gymerodd flynyddoedd i fi sylweddoli eich bod newydd ffarwelio â 250 o blant eraill ryw ddwy awr cyn i ni gyrraedd, oedd wedi cael yr un croeso didwyll, mae'n siŵr.' Roedd yn braf iawn clywed hynny. Roedd hi'n amlwg bod pobl yn gwerthfawrogi'r croeso.

Ro'n i'n aml yn hwyr yn cyrraedd adre a bydde Enfys yn gofyn, 'Ble wyt ti wedi bod?' Fel rheol bydden i wedi bod yn siarad ag athrawon neu efallai â'r gwyliwr nos. Ac o sôn am wylwyr nos, bydden nhw hefyd yn aml yn barod i sgwrsio unrhyw bryd. Petai athro'n methu cysgu, bydde pobl fel Malcolm, Donald neu Kevin, y gwylwyr nos, yno ac wrth eu bodd yn trafod gwleidyddiaeth, hanes a'r byd a'i bethau.

Rhaid cael y balans. Weithiau bydden ni'n ofnadwy o fishi a'r staff ddim yn cael amser i feddwl, bron, heb sôn am sgwrsio, ond yna ymhen rhyw fis, pan fydde pethe'n llacio ychydig, os oedd aelodau staff yn cael clonc fach neu'n cymryd ychydig mwy o amser dros goffi, doedd hi ddim yn ddiwedd y byd. Mater o gydbwysedd a synnwyr cyffredin yw hi.

Llangrannog oedd fy mywyd. Y gwersyll oedd fy ngwaith, ac yno roedd fy niddordeb a fy hamdden hefyd. Ar un adeg roedd yn *standing joke* gydag Alun, Ian a Vaughan, fy ffrindiau, mai fi oedd yr unig un roedden nhw'n ei adnabod oedd yn edrych ymlaen at ddydd Llun pan fyddwn i'n gallu mynd 'nôl i'r gwaith. Ac roedd e'n wir. Roedd e fel cyffur – yn gymaint mwy na job. Roedd yn osodiad gwir amdana i tan ryw bum mlynedd yn ôl. Bryd hynny, fe ddechreuais i wneud ymdrech ymwybodol i 'switsho bant' a sylweddoli bod bywyd y tu hwnt i'r gwersyll. Rhyw baratoi anymwybodol ar gyfer cyfnod ymddeol, efallai. Ar y nos Sul ar ôl i grwpiau o blant fynd adre, byddwn yn teimlo mwy a mwy o ryddhad wrth i amser fynd yn ei flaen.

Dwi'n cofio sôn ychydig flynyddoedd yn ôl wrth Siân Eleri, a oedd yn gyd-weithwraig i mi ar y pryd, fy mod i'n poeni am hwn a'r llall, a hithau'n dweud wrtha i ei bod yn meddwl na fyddwn i'n poeni am y nesa peth i ddim, gan fy mod i siŵr o fod wedi dod ar draws bob math o sefyllfaoedd a allai godi ar ôl gweithio yn y gwersyll gyhyd. Bydde hi'n braf iawn gallu gwneud hynny, ond wrth i chi fynd yn hŷn dwi'n sicr eich bod yn poeni mwy am bethau. Petawn i wedi gadael bum mlynedd yn ôl, byddwn i wedi poeni llawer mwy am ymddeol hefyd. Ond efallai fy mod i'n barod i ymddeol, yn feddyliol, pan ddaeth yr amser.

Dwi'n credu 'mod i wedi rhoi'r gorau iddi ar yr adeg iawn. Oedd, roedd bod gyda phlant ac athrawon o ddydd i ddydd yn parhau i roi gwefr i fi. Ro'n i'n dal i fwynhau gweithio dros yr iaith a diwylliant a gweld busnes brodorol Cymraeg yn llwyddo. Ond roedd y pwysau ariannol yn hollbresennol. Dyma'r prif wahaniaeth ers y dyddiau y dechreuais i yn y gwersyll. Mae cymaint o bwysau a thargedau mor heriol, does dim llawer o *leeway* gan rywun. Dywedwch eich bod yn cael mis gwael, neu fod eira'n dod – gallai olygu colli pythefnos o bobl yn llogi'r lle. Ac yna fydd hi ddim yn hir cyn eich bod yn gorfod ailedrych ar eich cyllideb o ddifrif. Mae yna bwysau oddi fry, a hynny'n bennaf yn ymwneud â ffigyrau a chyllid.

Mae llawer o naïfrwydd ymhlith pobl yn gyffredinol ynglŷn â'r gwersyll. Petaech chi'n gofyn i garedigion mudiad yr Urdd ar lawr gwlad drwy Gymru beth maen nhw'n meddwl yw'r rheswm am fodolaeth gwersyll Llangrannog, bydde'r rhan fwyaf ohonyn nhw'n dweud mai cynnig cyfle i blant fwynhau eu hunain trwy gyfrwng y Gymraeg yw e. Digon teg. A tasech chi'n gofyn iddynt beth maen nhw'n meddwl y mae'n rhaid i'r gwersyll wneud yn ariannol, bydde'r trwch yn meddwl mai mater o dalu ffordd a dyna i gyd yw hi. 'Yr iaith a'r diwylliant sy'n bwysig, nid gwneud cash,' meddai un o garedigion yr Urdd wrtha i yn y dyddiau cynnar hynny pan ddechreuais gyda'r mudiad. Ac mae llawer o staff yn dal i gredu mai dyna'r peth creiddiol, pwysig. Ond rydyn ni'n derbyn bod y gwersyll wedi gweld buddsoddiad mawr yn y gorffennol, a bod angen creu gweddill ariannol. Mae disgwyl hynny bellach.

Mae 'na rai pethe na fyddech chi fyth yn torri'n ôl arnyn nhw, wrth gwrs, megis y pethe sy'n effeithio'n uniongyrchol ar y cwsmer. Mae 'na bobl yn dod yma am eu bod nhw'n gwybod bod ein bwyd ni'n dda a fyddech chi ddim yn cwtogi ar hynny. Os yw'r cwsmer yn oer yng nghanol gaeaf, fyddech chi ddim yn gostwng y gwres. Achos pan fydde'r si yn mynd ar led nad yw bwyd Llangrannog hanner cystal ag y buodd e, neu ei bod yn oer yn yr ystafelloedd gwely, bydde pobl yn dechrau cadw draw.

'Nôl yn 1978, pan oedd dim ond 140 o welyau yn y gwersyll a chithe'n cael cant o blant i mewn, roeddech chi'n meddwl eich bod yn brysur. Os mai grŵp o gant sydd i mewn nawr, mae pawb yn becso ac yn dechrau edrych eto ar y gyllideb.

Pan agorodd Gwersyll yr Urdd, Caerdydd fe effeithiodd ar ein ffigyrau, does dim dwywaith am hynny. Ond rydyn ni wedi adfer niferoedd nawr, wedi dod rownd pethe ac ymateb i'r her. Naïfrwydd, fodd bynnag, fydde dweud na fuodd e'n ergyd i ni fel gwersyll, a gwelwyd effaith debyg ar Lan-llyn. Dywedodd un aelod o Fwrdd Busnes yr Urdd mor braf oedd hi fod Caerdydd wedi agor a bod y ddau wersyll arall yn dal eu tir a heb gael eu heffeithio. Ond doedd hyn ddim yn wir. Y gwir yw iddo fod yn gyfnod anodd iawn arnon ni yn Llangrannog, ac yn sicr bu'n anoddach bwrw targedau niferoedd ac incwm. Ond fe wnaethon ni ymateb i'r her, gweithio'n uffernol o galed, ac fe wellodd pethe eto. Ac o leiaf roedd yr arian yn aros o fewn yr Urdd.

Mae sawl canolfan wedi bod ar werth yn ystod y blynyddoedd diwethaf, sydd wedi cynnig cyfleoedd i'r Urdd ehangu ymhellach, un ym Merthyr a chanolfan ddŵr ar afon Cleddau yn Sir Benfro, er enghraifft. Ond y cyfan a fydde'n digwydd, hyd y gwela i, yw y bydde'n cleientiaid yn symud o gwmpas rhwng y canolfannau. Bydde'r menyn yn cael ei wasgaru'n denau. Felly beth fydde'r pwrpas?

Yr hyn sy'n braf oedd bod Gwersyll yr Urdd Llangrannog, ar adeg fy ymddeoliad, newydd gael y ddwy flynedd orau erioed, a'r rhagolygon oedd y bydde'r flwyddyn ganlynol yn ardderchog hefyd – lawn cystal â'r ddwy arall. Nhw oedd y blynyddoedd gorau o ran niferoedd, ac o ran trosiant a gweddill.

Bu'n dipyn o her, a bu'n rhaid i ni graffu'n ofalus ar gytundebau er mwyn gwneud toriadau mewn mannau na fydde'n effeithio ar ein cleientiaid, Er enghraifft, roedden ni wedi bod yn llogi peiriannau golchi, ond yna dyma eu prynu. Mae hyn yn gallu gwneud arbedion mawr yn y pen draw, ond o reidrwydd yn cymryd blynyddoedd i ddod trwyddo'n iawn.

Roedd angen bod yn gadarn iawn ynghylch rhai pethe, megis diwrnodau bant y staff, gan graffu ar y calendr a sicrhau mai ar y diwrnodau tawelaf ac nid ar yr adegau prysuraf bydden nhw bant. Eto, i wneud arbedion y gosodwyd paneli solar ar do'r Ganolfan Hamdden. Roedd yn fuddsoddiad go sylweddol, ond dros nifer o flynyddoedd bydd yn talu ffordd gan eu bod yn arbed ynni a chost trydan i'r Gwersyll.

Rhaid i fudiad fel yr Urdd gael ei gyllid o rywle, ac un o'r prif ffynonellau incwm mewnol yw'r gwersylloedd – a Llangrannog yn benodol. Mae llwyddiant y Gwersyll yn golygu bod disgwyliadau ariannol go uchel arno. O edrych ar hyn yn wrthrychol, mae'n swnio fel petai'r Urdd yn rhoi'r wyau i gyd yn yr un fasged. Tybed a ydy'r mudiad yn gorddibynnu ar y gwersyll yn Llangrannog? Petai rhywbeth yn bygwth y busnes hwn, bydde hynny'n gallu creu argyfwng. Mae'n her barhaus i unrhyw fusnes sy'n dibynnu ar un cwsmer, felly mae angen ehangu'r risg.

Y Fferm

PAN BRYNODD YR URDD fferm Cefn Cwrt yn 1968, un o'r bobl oedd yn gwneud llawer o waith cynghori gyda'r Urdd oedd John Elfed Jones, a aeth yn ddiweddarach yn Brif Weithredwr Dŵr Cymru. Bu'n drysorydd yr Urdd ac roedd e hefyd ar y Pwyllgor Gwersylloedd yn y cyfnod pan brynwyd y fferm. Fel dyn busnes, roedd ei graffter a'i grebwyll o fudd mawr i'r mudiad. Roedd prynu'r fferm 'nôl yn y 60au wedi diogelu dyfodol y gwersyll – mae'r ffaith fod y gwersyll yn berchen ar y tir wedi bod yn amhrisiadwy yn natblygiad y lle. Fe welodd John Elfed Jones y potensial hwnnw.

Y sefyllfa cyn hyn, yn ôl yr hyn a ddeallaf o lyfrau R. E. Gruffydd ar hanes Urdd Gobaith Cymru, oedd bod y mudiad yn rhentu'r tir oddi wrth ŵr lleol, Lyn Evans, a oedd wedi etifeddu'r fferm. Doedd e ei hun ddim yn ffermwr. Roedd les i'w chael, ond roedd honno'n mynd i ddod i ben ym mhen ychydig o flynyddoedd, ar ddechrau'r 70au. Dechreuodd swyddogion yr Urdd drafod beth fydde'n digwydd. Mae'n debyg bod R. E. wedi codi'r mater o barhau'r les gyda'r perchennog, ond chafodd e ddim ymateb ffafriol. Aeth R. E. ymlaen i ofyn wedyn sut fydde fe'n teimlo petai'r Urdd yn prynu'r fferm a chafwyd ymateb mwy brwdfrydig i'r awgrym hwn. Cafodd R. E. gyfarwyddyd gan yr Urdd i geisio dod i gytundeb â'r perchennog, a chafodd ganiatâd i wario hyd at £15,000 er mwyn prynu'r ffermdy a'r 150 o erwau neu fwy oedd yn mynd gydag e, ond roedd ganddo hawl i ddefnyddio 'synnwyr cyffredin' petaen nhw'n gweld bod angen ymestyn y swm a'r cynnig. Fe barhaodd y trafodaethau'n hir, ond yn y pen draw daethpwyd i gytundeb ar £18,000. Roedd 'synnwyr cyffredin' wedi costio £3,000 i'r Urdd ond roedd ganddyn nhw fferm a sicrwydd i'r dyfodol. Mae'r holl ehangu ar dir y gwersyll yn Llangrannog wedi bod yn bosib o achos hyn. Dyna un o'r darnau gorau o fusnes a wnaeth yr Urdd erioed. Ac roedd pobl fel John Elfed Jones ac R.E. Gruffydd wrth galon hynny.

Dwi'n cofio cael sgwrs gyda John Elfed Jones am hanes prynu'r fferm pan alwodd e yn Llangrannog ryw dro. Ar y pryd, roedd yn gyfarwyddwr anweithredol International Greetings, cwmni mawr oedd yn cynhyrchu cardiau a phapur lapio ac ati, ac roedd y cwmni hwnnw wedi noddi un o'n ceffylau yn y gwersyll. Ro'n i'n gyfarwydd â'r hanes eisoes, ac yn wir yn gwerthfawrogi'r weledigaeth i brynu'r fferm. Dyn busnes yn gweld y dyfodol.

Oes, mae 'na lawer o lwc a chyd-ddigwyddiadau a chyfleoedd annisgwyl wedi digwydd yn hanes y gwersyll, fel sy'n wir am fy ngyrfa innau, debyg. Mae pethe'n digwydd drwy ddamwain weithiau, ond mae 'na gynllunio gofalus a manteisio ar y cyfleoedd hynny hefyd. Dwi ddim yn credu y gallai neb fod wedi rhagweld y math o dwf sydd wedi bod yn natblygiad y gwersylloedd. Fel mae'n digwydd roedd Lyn Evans, perchennog gwreiddiol y fferm, yn byw drws nesaf i fi ac Enfys am flynyddoedd. Tua 1990 fe werthodd gae. Dechreuon ni siarad ryw ddiwrnod ac meddai Lyn, "Machgen bach i, fe ges i bron gymaint am y cae 'na â ges i am y ffarm i gyd!' Ond wrth gwrs, rhwng 1968 ac 1990 roedd chwyddiant mawr wedi bod, a phethau wedi newid llawer.

Un o'r syniadau pan brynwyd y fferm, yn ogystal â sicrhau'r tir, oedd i'r gwersyll ddod yn hunangynhaliol ac y byddem yn bwyta cynnyrch y fferm. Yn wir, fe aethon ni drwy gyfnod pan oedd llaeth y fferm yn cael ei ddefnyddio. Bydde un o'r staff yn mynd draw bob prynhawn i nôl *churn* o laeth, fwy neu lai yn syth mas o'r fuwch – rhywbeth fydden ni ddim yn cael ei wneud heddiw, wrth gwrs. Ond roedd yn iawn bryd hynny, a doedd dim byd yn bod ar y llaeth. Bydden ni'n mynd draw yn fan y gwersyll i gasglu'r *churn*, a dwi'n cofio dod 'nôl un tro, troi ar bwys y gegin a dyma'r cyfan yn hedfan ar hyd cefen y fan. Dales i fe jyst mewn pryd! Yr wythnos ar ôl hynny, digwyddodd yr un peth i Owen, fy mrawd, oedd yn gweithio yn y gwersyll ar y pryd, ond lwyddodd e ddim i ddala'r *churn*! Sarnwyd galwyni o laeth. Ar y pryd, doedd dim gwynt cas ond o diar, buodd fan y gwersyll yn drewi am fisoedd, os nad am flynyddoedd, wedyn.

Roedden ni hefyd yn cael cig o'r fferm ar un cyfnod. Bydde bustych o'r fferm yn cael eu lladd mewn lladd-dy lleol – gydag Oriel Jones neu fusnes lan ym Mhentre-cwrt – ac yna bydde'r darnau anferth o gig yn cael eu cadw yn rhewgelloedd y gwersyll. Ond wrth i reolau safonau a hylendid bwyd newid doedd pethe fel hyn ddim yn gallu parhau.

Stopiodd yr Urdd ffermio yn 1984. Y ffaith amdani oedd nad oedd yn fenter broffidiol. Mae'r Urdd yn ardderchog am redeg mudiad ieuenctid a phlant. Mae'r Urdd yn ardderchog am gynnal eisteddfodau, am drefnu digwyddiadau chwaraeon ac am redeg gwersylloedd gwyliau. A mwy! Ond dyw'r Urdd ddim yn llwyddo cystal, efallai, pan fyddwn yn mynd ar ôl rhai mentrau eraill. Comisiynwyd adroddiad gan yr Urdd o gwmpas 1982 i edrych ar sut y gallen ni wella'r sefyllfa ariannol o ran y fferm, ac un argymhelliad oedd bod angen ehangu'r fuches i ryw 150 neu 200, gan symud mwy i fyd godro a chynhyrchu llaeth. Bydde hyn yn golygu creu parlwr godro a phethau fel pwll slyri. Wrth gwrs, bydde hyn hefyd wedi golygu buddsoddiad sylweddol cyn gweld elw. Ar y pryd rhyw dri deg o dda yn unig oedd yn cael eu godro, ac fe benderfynodd yr Urdd beidio â mynd ar hyd y llwybr hwnnw. A da o beth oedd hynny, yn wir, oherwydd rhyw chwe mis wedyn daeth y cwotas llaeth, ac o bosib bydde'r mudiad wedi gwneud colledion mawr.

Mae hen sgubor wair y fferm a'r tir nad yw'n cael ei ddefnyddio gan y gwersyll wedi eu gosod nawr i deulu ifanc lleol, ac mae'r 'tai mas' bellach wedi eu haddasu. Mae'r Ganolfan Dreftadaeth yno, lle mae un arddangosfa ar hanes a gwaith yr Urdd ac un arall ar hanes yr ardal. Yno hefyd mae Ogof T. Llew, sy'n bwrw golwg ar fywyd a gwaith y bardd a'r awdur oedd yn byw yn Mhontgarreg, ger Llangrannog. Buon ni'n lwcus iawn i allu ffilmio T. Llew yn adrodd straeon, ac mae'r ffilmiau hynny'n cael eu chwarae yno. Mae ystafell gyfarfod ar draws y clos, yr hen lofft wair, sy'n cael ei defnyddio ar gyfer gwersi neu adeg cyrsiau.

Cyd-ddyn a Christ

M AE BATHODYN YR URDD yn un arbennig o dda yn fy marn i. Mae'n un sy'n gallu cael ei adnabod yn gyflym ac mae'n frand llwyddiannus, yn eicon cyfarwydd. A'r logos symlaf yw'r rhai mwyaf effeithiol bob amser, medden nhw. Dwi'n hoffi'r ffaith mai'r un arwynebedd sydd i bob lliw er bod y llygad efallai yn ein twyllo i gredu bod y gwyrdd yn fwy na'r lleill. Cymru – gwyrdd. Cyd-ddyn – coch. Crist – gwyn.

Ar hyd y blynyddoedd, mae'r gwersyll wedi bod yn gartre i lawer iawn o waith dyngarol. Mae nifer o blant ac oedolion ag anghenion arbennig yn mynd yno, ac mae teuluoedd â phlant awtistig yn aros yn y gwersyll yn ystod yr haf, ac yn mwynhau gwneud y gweithgarddau amrywiol. Mae ambell sefyllfa heriol yn gallu codi, ond mae rhywun yn cnoi ei dafod ac yn dysgu amynedd. Fe fydda i'n aml yn cyfrif fy mendithion bod fy mhlant i'n iach.

Nid yw'r elfen 'ffyddlon i Grist' mor bwysig â hynny i mi'n bersonol. Roedd y ffydd Gristnogol yn bwysig iawn i fy rhieni, a bu'n amlwg yn gysur mawr i Mam pan gollais i fy nhad ychydig flynyddoedd yn ôl. Dwi'n parchu hynny. Ond nid yw'r un ffydd gen i. Yn blentyn ro'n i'n mynd i'r capel ddwywaith ar y Sul – oedfa ac Ysgol Sul i gapel Soar yn Sefn i ddechrau, ac yna i Bethel yn y Creunant. Ar y nos Lun bydden ni'n mynd i'r Gobeithlu, sef y Band of Hope. Byddwn yn casglu dimeiau llong fel rhan o ymgyrch y genhadaeth er mwyn talu am y daith ar gwch i genhadon fynd bant i wledydd eraill i sôn am Grist.

Dwi'n gwerthfawrogi'r gwerthoedd a ddysgais a'r diwylliant oedd yn mynd law yn llaw ag e, megis gwybod geiriau emynau ac ambell adnod. Gallaf weld bod gwersi i'w dysgu a bod y damhegion yn cynnig gwersi bywyd a ffordd o fyw y dylen ni ymgyrraedd ati. Ond mae 'credu' yn rhywbeth arall. Dwi'n drist nad wyf i'n dal i fynd i gapel, ac yn gresynu nad wyf i'n gallu credu. Bellach, mae Capel Soar yn Sefn wedi ei ddymchwel i'r llawr.

Dwi'n gweld Cymru a'r elfennau dyngarol sy'n cael eu cynrychioli gan rannau gwyrdd a choch y bathodyn yn greiddiol i'r mudiad. Mae'r llinyn cyd-ddyn yn bwysig iawn i fi, a dwi'n ei weld yn debyg i un Crist. Brawdoliaeth. Parodrwydd i weithio dros eraill. Parch. Ond dwi'n teimlo, mewn cymdeithas sy'n aml-ffydd, ac yn wir, lle mae nifer cynyddol yn agored ddi-ffydd, nad yw cynnwys Crist yn rhan o'r bathodyn yn berthnasol i holl aelodau'r mudiad bellach. Roedd swog yma rai blynyddoedd yn ôl, Dave o Gaerdydd, a oedd yn dweud ei fod e, fel Iddew, yn cael trafferth gyda'r bathodyn a'r rhan Gristnogol yn benodol. Dywedodd y bydde fe'n fwy bodlon ar rywbeth fel 'fy Nuw'. Doedd e ddim yn teimlo ei fod yn gynhwysol yn ei ffurf bresennol, yn sicr yn ei achos e. Wrth gwrs, mae hyn wedi ei drafod droeon yn y mudiad ac mae'r wasg yng Nghymru wedi trafod y pwnc yn y gorffennol. Dwi'n credu petai Jim wedi para yn Gyfarwyddwr yr Urdd y bydde'r elfen Crist wedi ei drafod ymhellach.

I lawer o bobl yng Nghymru, mae'r ffaith nad ydyn ni'n cynnal gwasanaeth neu epilog yn y gwersyll bellach yn rhywbeth trist iawn. Wedi'r cyfan, mae ffyddlondeb i Grist yn rhan o arwyddair gwreiddiol y mudiad. Pam mae hyn wedi stopio? Am nad yw'n cyflenwi gofynion yr oes fodern?

Y gwir yw na wnaeth neb y penderfyniad. Rhywbeth a ddiflannodd yn araf bach oedd canu emyn a chanu 'Nefol Dad'. Dyna'r weddi a'r darlleniad yn diflannu wedyn. Geiriau 'Ar hyd y nos' yn cael eu canu cyn i'r rheiny hefyd gael eu disodli gan hymian y dôn yn unig. Yn y diwedd, cafwyd cyfnod tawel a chyfle i bawb fyfyrio ar y diwrnod a aeth heibio a meddwl am y bobl sy'n agos aton ni. Meddwl mor ffodus ydyn ni cyn cydadrodd Gweddi'r Arglwydd. Ond diflannodd hynny hefyd. Pan o'n i'n swog yn y 70au cynnar, fe allen ni i gyd gynnal gwasanaeth heb unrhyw ddarn o bapur. Bydden i'n dweud ein bod yn mynd i ganu 'Canaf yn y bore' neu 'Hoff yw'r Iesu o blant bychain' ac fe fydde canu da a phawb yn gwybod y geiriau. Dyw plant ddim yn gallu gwneud hynny ragor. Er nad oes gen i ffydd Gristnogol, dwi'n meddwl bod y wybodaeth a'r cefndir Cristnogol sydd gennym yn arbennig o gyfoethog, ac mae gen i hiraeth am oes pan oedd gan y plant a oedd yn dod i'r gwersyll ryw dreftadaeth gyffredin.

Ar ben hyn i gyd mae gofyn ystyried trefn, defodau ac arferion ysgolion unigol, yn enwedig o gofio mai dim ond ychydig wythnosau o wyliau ar batrwm yr hen wersyll haf sy'n cael eu cynnal bellach. Fodd bynnag, mae rhai ysgolion a grwpiau yn dal i gynnal gwasanaeth.

Cyhoeddwyd *Clap a Chân i Dduw* yn y 70au, ac roedd yr hen emynau i blant wedi mynd yn angof bron. Yn yr un modd, er mwyn moderneiddio pethe a bod yn trendi, fe ofynnodd yr Urdd i Aneurin Jenkins Jones ailysgrifennu neu aildrefnu 'Ymdeithgan yr Urdd'. Weithiodd hi ddim, a bellach clywir yr ymdeithgan (wreiddiol) fel rhan o rai o brif ddefodau Eisteddfod Genedlaethol yr Urdd yn unig. Ond prin iawn yw'r bobl dan hanner cant oed sy'n gwybod y geiriau hynny bellach.

Un swog brwdfrydig ar ddechrau'r 80au oedd Patrick Stephens, sy'n dysgu Cerddoriaeth yn Ysgol Gyfun Gartholwg (Rhydfelen gynt), ers blynyddoedd. Roedd e'n dod bob haf, hyd yn oed ar ôl iddo fynd yn athro, ac mae e'n dal i wneud llawer o waith dros y mudiad. 'Mae rhai pobl siŵr o fod yn meddwl 'mod i off fy mhen,' meddai e ar y pryd, 'ond pan rwy'n dod fan hyn, sdim cyfrifoldebau 'da fi. Rwy 'mond yn neud fel ry'ch chi'n dweud wrtha i am neud – rwy'n gallu ymlacio a mwynhau gyda'r plant.'

Beth bynnag, dyma fe'n penderfynu un flwyddyn ei fod am ddysgu 'Ymdeithgan yr Urdd' i'r plant i gyd. Ac yn wir, fe lwyddodd i wneud hynny. Fe ges i a phawb arall yr wythnos honno y wefr ryfedda – *buzz* os mynnwch chi – pan glywon ni nhw lawr yn y neuadd waelod ym mloc Tregaron. Patrick ar y piano fflat owt, a dros ddau gant o blant yn canu 'Dathlwn glod ein cyndadau ...' Roedd e'n wych, wych a bydd yn aros gyda fi am byth.

Ymddeol

GALWODD CRIW o gyn brifathrawon Sir Benfro i 'ngweld i ychydig cyn i mi ymddeol. Roedden nhw wedi bod yn ymweld â'r gwersyll ar gwrs amgylchfyd bob blwyddyn dros gyfnod hir. Mae gen i barch aruthrol atyn nhw ac mae llawer ohonynt yn ffrindiau da erbyn hyn. Fe ges i anrheg a diolchiadau lu, ond mewn gwirionedd pobl fel nhw yw sylfaen mudiad yr Urdd – y rhai sy'n gweithio'n wirfoddol. Ro'n i'n cael fy *nhalu* am wneud fy rhan i. Mae pobl yn derbyn pob math o anrhydeddau, ond ai pobl fel fi, sy'n gyflogedig gan gymdeithasau a mudiadau ddylai eu cael, neu'r sawl sy'n rhoi o'u hamser yn wirfoddol? Pobl fel Des a Helen Davies o Grymych, a'r holl filoedd o athrawon sy'n gweithio'n galed gyda'r plant a'r bobl ifanc am eu bod nhw'n credu yn egwyddorion mudiad yr Urdd.

Nid fi yw'r cyntaf i ddweud hyn am y profiad o ymddeol, ond ro'n i'n poeni ychydig am y cam. Ro'n i'n teimlo mai fy lle i oedd y gwersyll, ac fel dwi wedi'i ddweud eisoes, roedd yn fwy na job. Pan oedd Cadi eisiau mynd â'r ceffyl draw, neu'r teulu eisiau mynd yno ar ddiwrnodau pan nad oedd llawer o bobl yn aros, roedd hynny'n bosib. Doedd ond eisiau agor y drysau, diwrnod gwaith neu beidio, ac eistedd yno'n ymlacio. Fydda i ddim yn gallu gwneud hynny ragor. Ac mae'r geiriau a ddywedodd John Japheth wrtha i 'nôl ar ddiwedd y 70au wedi aros yn y cof – 'The graveyards are full of indispensable men'. Nid fe oedd biau honna'n wreiddiol, cofiwch!

Ond ro'n i hefyd eisiau ymddeol cyn i mi droi'n ddeinosor a dechrau taflu dŵr oer ar syniadau a oedd yn cael eu cynnig gan staff. Mae amser yn dod pan fydd eisiau syniadau newydd, ffres er mwyn symud y gwersyll yn ei flaen. Cefais i'r cyfle i wneud hyn ugain mlynedd yn gynt a thro rhywun arall oedd hi bellach. Ro'n i'n poeni am fy ngallu i gynnal fy teulu yn ariannol hefyd, ac ro'n i'n ymwybodol iawn ei bod mor, mor hawdd disgyn i'r trap o beidio â gwneud dim byd – rhyw feddwl, reit, beth wna i heddi?

Penderfynais fynd 'nôl i chwarae golff ac ymuno ag Alun Rees a Glyn Parry, fy ffrindiau, unwaith yr wythnos – neu fwy yn y dyfodol os bydd y golff yn gwella! Mae angen cymysgu gyda phobl arna i. Mae gen i syniadau. Gyrru bws y gymuned (dwi wedi pasio cwrs MIDAS). Ystyried bod yn arolygydd lleyg gydag Estyn efallai, gan fod gen i flynyddoedd helaeth o brofiad fel llywodraethwr ysgolion uwchradd a chynradd. Gwirfoddoli gyda mudiadau elusennol efallai. Pethe lle gallaf roi rhywbeth yn ôl i'r gymuned.

Ro'n i'n poeni'n fawr yn ystod y misoedd olaf cyn ymddeol, ond buan y mae rhywun yn addasu, yn enwedig wrth sicrhau bod digon o bethau yn y dyddiadur. Y gwahaniaeth mawr, wrth gwrs, yw na fyddaf yn cael fy nhalu! Ond nawr, gan fod y gwersyll y tu ôl i mi, dwi'n edrych ymlaen at weld beth sydd o mlaen i.

Diolchiadau

Hoffwn ddiolch yn fawr i'r bobl isod, sydd
wedi fy nghynnal dros y blynyddoedd ac
yn ystod y broses o greu'r llyfr hwn:

Enfys, Guto a Cadi
am eu cefnogaeth a'u hamynedd

Elin Williams am y geiriau

Fy holl deulu

Staff Gwersyll yr Urdd, Llangrannog

Y miloedd o athrawon, arweinwyr,
swogs a gwirfoddolwyr
sydd wedi dod â phlant i'r gwersyll